우리들의 이야기

어울림

이경란 전진수 류성희 기문자
이혜숙 황연수 김미혜 권옥순
권선란 김희종 김미랑 유향숙

우리들의 이야기

어울림

이경란 전진수 류성희
기문자 이혜숙 황연수
김미혜 권옥순 권선란
김희종 김미랑 유향숙

도서출판 디자인21

〈시작하며〉

Well-Dying이 곧 Well-Living?
대한웰다잉협회 자서전 출판위원회에서 만난 열두 사람이
각자의 삶과 다가오는 죽음에 대한 이야기를 나누었다
삶을 들여다보는 시간이 되었다

당신의 이야기 속에서 내가 보였다
서로 어우러지고 있었다

부모님의 애도 이야기는 각자의 부모님을 떠올렸고
나의 죽음을 그려보게 했다
내 삶을 돌아보는 시간
남은 삶을 그려보는 계기가 되었다

당신의 가족이야기가 나의 가족이야기로 들렸고
당신의 콩깍지가 나에게도 있었다

별의 속삭임 함께 들었고
당신의 청춘 이야기 나의 청춘 이야기가 되었다

첫눈 온 날은 나의 첫눈을 추억하게 해 주었다

당신의 학교 이야기는 학창 시절로 빠져들게 했고
이스탄불, 히말라야는 나의 여행지로 가 보게 했다
당신이 응원하는 K, 우리 모두가 그 응원에 동참하고 있었다

공감과 지지를 함께 했다
우리 모두는 이렇게 어우러지고 있었다

Well-Dying이 곧 Well-Living
우리들의 이야기 『어울림』이 탄생했다

이 책을 읽는 모든 분들이 잠시나마
『어울림』에 빠지기를 소망 한다

12인의 마음을 담아 보았습니다.
이 경 란

〈차례〉

일상의 작은 순간들

이경란

아무 일 없는 새벽

환한 세상

나이 듦 나이 탓

프롤로그

세월이 흐르며 놓치는 것들이 많아져도, 그 속에서 발견되는 작은 기쁨과 깨달음은 여전히 소중하다. 소소한 하루의 일상일지라도, 다시 한번 우리 삶의 소중함을 일깨워 준다. 정전 속의 예상치 못한 불편함 속에서 환한 세상의 고마움을 느껴 볼 수 있었고, 실수를 나이 탓으로 돌려보기도 했지만 그건 나를 가다듬는 기회이기도 했다. 아주 작은 일들에서 느끼는 나이의 변화와 그에 따른 기억의 흐름, 그리고 지하철에서의 모습, 아직도 바쁜 일상을 살아가고 있는 나를 들여다본다.

아무 일 없는 새벽

"고구마 없이 빈 통만 왔어, 이것 좀 확인해 봐야겠네."

어젯밤, 늦은 시간까지 컴퓨터 작업하느라 늦잠을 자고 싶었는데, 남편의 말소리가 들려왔다. 그러더니 조용하다. 늘 하던 대로 새벽 미사 갔나 보다.

어제부터 날씨가 너무 추워졌다. 오늘 새벽은 올겨울 가장 추운 날로, 기온이 더 내려갈 것이라고 했던 기상청 예보가 떠올랐다. 추운 날이면 잘 쓰고 다니는 빨간 모자는 쓰고 갔겠지. 등산을 갈 때도 눈에 잘 띈다며 그것을 챙겨가고, 새해 첫날 해돋이를 갈 때도 쓰고 가는 빨간 모자, 겨울철 남편과 찍은 사진 대부분에는 그 모자가 등장한다.

새벽의 찬 기운이 방안까지 느껴졌다. 아직은 좀 더 잠을 청하고 싶었으나 남편이 하고 나간 말이 다시 떠오르며 어제 고구마 주문했던 것이 생각났다.

"엄마, 그제 주신 그 고구마 어디서 샀어요? 고구마 잘 안 먹던 가은이가 그건 잘 먹어요."

손녀가 먹고 싶어 한다는 고구마라는 말에 일전에 사 준 것과 비슷한 것을 당장 주문했다.

신선도가 유지되는 배달인 로켓프레시를 이용하기 위해 일정 금액을 맞추느라 갈치도 함께 추가했다. 저녁 늦은 시간에 신청했는데 다음 날 새벽에 도착이라니 참 대단한 배송 시스템이다.

남편은 고구마 주문한 것이 생각나 현관문을 열었고, 먼저 도착한 갈치 쿠○박스를 들어보고 빈 통이라 여겨 이야기 했을 것이다.

시간을 보니 아직 새벽 5시 반이다. 아침잠이 많아 그대로 누워 있으려 하다 배송이 잘못된 것 같다고 하니, 확인을 해야 할 것 같아 눈살을 찌푸리며 억지로 일어났다. 찬 기운을 느끼며 내가 현관문을 열었을 땐 박스가 둘이었다. 가벼운 것과 무거운 것 한 박스씩, 갈치 박스와 고구마 박스다. 그 사이에 박스가 하나 더 왔다. 갈치가 든 가벼운 박스를 남편은 빈 박스로 생각한 것이다. 쿠○에 확인은 안 해봐도 되겠다.

그대로 안방으로 다시 들어갈까, 하다 거실을 보니 남편이 추운 날 애용하는 빨간 모자가 쓰고 나가려고 하다가 두고 간 듯, 거실 탁자 위 입구 쪽에 놓여 있었다.

'이 추운 새벽에, 한참을 걸어가야 하는 성당으로 미사를 가면서 모자도 안 쓰고!'

불안감이 내 몸을 휩쌌다.

요즘 들어서 나도 그렇지만 남편도 하나를 생각하면 다른 하나를 깜빡해 버리기 일쑤다. 주문한 고구마가 빈 통으로 배달된 것을 이야기해 주느라 모자 쓰고 가는 것을 잊어버리고 그냥 나간 것으로 생각했다.

남편은 작년에 갑자기 뇌경색으로 입원한 적이 있어 약도 꾸준히 챙겨 먹어야 하고 항상 조심해야 한다. 날씨가 너무 추울 땐 외출도 자제해야 하고, 모자나 목도리 장갑은 잊지 말고 착용해야 하나 내가 챙겨주지 않으면 춥지 않다고 그냥 나가는 때가 많다. 올겨울 가장 추운 날, 이 새벽에 모자도 쓰지 않고 밖으로 나간 것으로 보였다.

전화로 확인해 보고 싶었지만, 통화는 되지 않았다. 혹시 길에서 쓰러지기라도 하면 어쩌나 하는 걱정으로 좌불안석이 되었다.

어쨌거나 성당에 무사히 갔다면 내가 모자를 챙겨서 가야 올 때라도 쓰고 올 수 있지 않을까 싶었다. 허겁지겁 옷을 챙겨 입고, 목도리, 모자, 장갑 모두 단단히 무장한 후 성당으로 향했다. 밖으로 나오니 바람까지 불어 찬 기운이 더 세차게 느껴졌다. 완전 칼바람이다.

가면서도 통화가 안 되니 불안한 마음이 들어 계속 전화했다. 그래야 마음이 편하다. 혹시, 쓰러진 사람이라도 있나 하는 마음에 길 양옆을 살피며 갔다. 성당 가까이 가서야 통화가 되어 안

심되었지만, 모자가 궁금해서 그것만 불쑥 물었다.

“당신, 모자 쓰고 갔어요?”

“응, 쓰고 왔어.”

“당신 쓰고 다니는 빨간 모자가 집에 있어서....”

“다른 모자 쓰고 왔어.”

무심히 답하는 남편이다. 혼자 온갖 생각 하며 쏟은 에너지는 불필요한 것이었다. 추위를 엄청나게 타 추운 날은 꼼짝달싹하지 않으려고 하는 내가 길 양옆을 살펴 가며 온 것 또한 불필요한 것이었다. 당장 집으로 되돌아가고 싶었으나 성당 코앞까지 와서 되돌아갈 수는 없었다. 억지 미사에 참여하게 되었다.

성당에 들어서니, 늘 앉던 그 위치쯤에 남편의 뒷모습이 곧바로 보였다. 밉기도 하고 고맙기도 하다. 남편 때문에 혼자 마음 졸이며 쓸데없는 걱정을 한 새벽, 아무 일 없는 새벽에 감사한다.

쓰고 간 까만 모자가 남편 옆 의자에 놓여 있었다. 들고 간 빨간 모자를 그 옆에 놓으며 슬며시 다가가 앉아 눈총을 주었다.

미사를 마치고 나오며 남편이 하는 말

“주님이 부른 겨, 새벽 미사.”

환한 세상

오늘 우리 아파트 단지 2,000여 세대 전체가 노후 변압기 교체를 위해 온종일 정전이란다. 아침 9시부터 저녁 7시까지 전기가 나가니 대비하라는 방송이 들려왔다.

"혹시 생명 유지 장치를 이용하는 환자가 있는 세대는 별도로 관리실로 연락해 주시기를 바랍니다."

생명 유지 장치를 이용하는 사람은 없으니, TV는 안 보면 되고, 와이파이는 데이터를 이용하면 되며, 노트북은 충전된 배터리로 오전에는 사용할 수 있다. 냉장고만 미리 대비하면 되겠다.

정전이 한 시간 앞으로 다가오자 갑자기 정수기 물도 못 쓸 것 같다는 생각이 들었다. 정수기 물은 부랴부랴 확보해 두었으나, 전기가 나가면 커피도 못 마실 것 같아 얼른 한 잔 타 두었다. 냉장고는 냉동실의 아이스팩을 냉장실로 옮겨 놓으면 10시간 정도는 견딜 수 있으리라. 전기가 나가자 얼려 둔 아이스팩 여러 개를 냉장실로 옮겨 임시 아이스박스로 만들었다. 만사 오케이다.

일반용수는 전기를 사용하지 않아도 옥상 물탱크의 물이 나오겠거니 했는데, 설거지하려고 보니 물이 나오지 않는다. 받아놓은 물이 한 방울도 없는 상태다. 아뿔싸 큰일이다. 화장실을 온종일 사용하지 않을 수도 없고, 그대로 사용할 수도 없는 노릇이다. 남편과 궁여지책을 논의했다. 일반용수를 조금도 받아 두지 않았으니 한 번 사용하고 나면 물이 없을 것이다.

작은 볼일은 냄새가 좀 나도 어쩌겠냐며 화장실 문을 닫아 두기로 했다.

"큰 볼일을 봐야 하면 우리 길 건너 자주 다니는 병원 건물이나 은행에 가서 봅시다."

"엘리베이터도 안 될 테니, 내려가지 말고 잘 참읍시다."

노트북으로 작업해야 할 것이 좀 있었다. 충전된 노트북 배터리 수명이 다 될 즈음엔 집 앞 무인카페에 가서 온종일 있다가 오기로 마음먹었다. 우리 나이에, 무인카페에서 노트북 켜 놓고 작업하는 정도면 신식 할머니 아닌가 싶기도 하다. 하루를 그렇게 호사스럽게 보내기로 했다.

그런데 남편이 일반용수 화장실에서 물이 나온다며 들떠 말했다.

"와, 물이 나와!"

수돗물이 나오는 것이 무슨 대수인지 반갑기 그지없다. 가서 보니 정말 물이 콸콸 나온다. 그게 또 신기하다. 화장실 사용의 큰 문제가 해결되었다. 화장실에서의 지린내 걱정을 덜게 되었다.

물이 정말 반가웠다. 그새 물이 나오다가 또 중지될까 봐 욕조에 물을 받느라 서두르기도 했다. 남편이 찬찬히 안내문을 보더니, 비상 발전으로 수돗물과 엘리베이터는 된단다. 전기를 모두 차단하고 비상 발전기를 돌리는 그 시간 동안만 물이 나오지 않았던 것이었다. 정말 다행이다. 안내문을 제대로 보지 않고 괜한 걱정만 했다.

오전 내내 노트북으로 작업하고 나니 배터리 잔량이 점점 줄어들었다. 점심을 먹고 배낭에 노트북과 작업할 자료들을 챙겨 무인카페로 갔다. 그곳엔 한 사람만 앉아 있었다. 처음 가 본 무인카페의 한쪽 테이블에 자리를 잡고 앉았다. 커피를 뽑으려니 낯설기도 하다. 60대 후반, 할머니가 카페에 앉아 노트북을 켜고 있는 모습이라니, 젊은이 대열에 가까이 간 듯 뿌듯하다.

오후 내내 그렇게 시간을 보내다가 혹시 전기가 일찍 들어오지 않을까 하는 마음에 6시쯤 집으로 향했다. 이미 날은 어두워졌지만, 집에 불은 들어오지 않았다. 깜깜해지자 답답한 마음이 들었다.

'좀 더 환한 이른 아침 시간에 시작해서 일찍 끝내면 좋을 텐데.'

그러다 작은아들 집이 떠올랐다. 아들은 일찍 출근하지만, 며느리가 일찍 일어나지 못하는 손녀 둘을 9시까지 챙겨서 등원시키고 마무리하는 것은 힘들어한다.

'그렇겠지. 오죽하면 저 시간에 정했겠나.'

핸드폰 손전등을 켜고 집안 이곳저곳을 다녀야 할 상황이 되어 버렸다. 남편에게 집안에서라도 돌아다니지 않는 게 좋겠다고 말하면서 조심조심 움직였다. 행여 넘어질까, 서로 걱정해 주는 모습에서 은근한 동지애가 생겨났다. 이런 나이 듦도 나쁘지만은 않다. 잠시 후 뒷동을 보니 전기가 들어와 있었다.

"뒷동은 전기가 들어왔어요!"

남편에게 소리치자, 남편도 돌아보며 부러워했다.

'우리도 곧 들어오겠지.' 밝은 세상에 대한 기대가 되었다.

마침내 우리 동에도 전기가 들어왔다. 집안이 환해졌다.

"와~!"

탄성이 절로 나왔다. 냉장고를 열어보기도 했다. 반대로 앞 동은 아직 불이 들어오지 않았다. 아마 앞 동 사람들도 우리를 부러워할 것이다.

이 환한 세상이 어제보다 훨씬 환하게 느껴진다.

나이 듦 나이 탓

모처럼 한가한 오전, 늦잠까지 잤다. 부스스한 얼굴로 세수도 하지 않은 채 있어도 마음이 편안한 시간이다. 오후에 손녀 하원시키러 가야 하는 시간만 잘 지키면 되는 날이라 늦게 일어나도 여유로운 아침이었다.

"따르릉."

낯선 분은 아니지만, 내게 따로 전화할 일이 없을 것 같은 이 선생님에게서 전화가 왔다. 두 달 전쯤 D 협회의 일로 한 번 통화한 적은 있지만, 개인적인 친분은 없는 분이었다. '무슨 일이지?'하고 전화를 받았다.

"이 선생님이시죠? 어디쯤 오셨나요? 제가 좀 늦을 것 같아서요."

"네? 무슨 일이신지...."

그제야 며칠 전 MOU 건으로 전화하며 약속했던 기억이 났다. 오늘 이 선생님과 함께 우리 협회와 K 자서전협회의 업무 협약을 맺기 위해 사전 협의하기로 한 날이었다. 나는 협회의 자서전 출판위원회 동아리 활동을 맡아 자체적으로 일을 진행하고 있으니, 이 일을 추진하는 데 주도적으로 나서야 하는 것이었다. 사전 협의를 위해 약속 장소와 시간을 조율하고 결정해 두었던 날이다.

이런 일이 있으면 핸드폰 다이어리에 반드시 기록해 두는데, 그날은 그렇게 하지 못했다. 변명하자면, 다른 교육을 받는 중에 MOU 관련 전화 연락이 와서 잠시 강의실 밖으로 나가 약속 장소와 시간을 조율한 뒤 다시 들어갔다. 그리곤 완전히 잊어버린 것이다.

정년퇴직 후 시간 여유가 좀 생겼다고 생각해서 요즘은 무엇인가를 배워보려고 이곳저곳을 기웃거리고 있다.

그날도 다른 교육을 받으며 짬짬이 전화를 받느라 집중하지 못했던 탓에, 결정된 내용을 강의 후, 다이어리에 기록해야지 해 놓곤 잊어버리고 말았던 것이다.

두 가지 일을 하면 한 가지를 잊어버리는 일들이 요즘 잦다. 두세 가지 일을 하면서도 메모와 체크를 통해 모든 일을 철저히 해왔던 내가 이렇게 완전히 잊어버리다니. 결국 이 궁리 저 궁리를 해 보기도 하고, 이 선생님께 혼자 미팅을 진행해 달라고 부탁해 보았지만, 도저히 스스로 용납이 되지 않았다.

서울 시내 웬만한 거리는 한 시간이다. 우리 집은 서울의 강서 남쪽이고, 목적지는 강북 서울의 북쪽 끝에 가깝다. 승용차로 가면 어디서 어떻게 막힐지 알 수가 없고, 그나마 지하철로 가는 게

정확하다. 지하철로도 거의 한 시간이다.

"선생님이 먼저 가 계십시오. 제가 서둘러 가겠습니다. 한 시간 이상 걸릴 것 같아요. 죄송합니다."

난감한 상황이다. 서둘러 준비해 나가면서 온갖 생각이 다 들었다. 지하철에서 달리기라도 하고 싶은 심정이었다. 미팅 장소 가까이 가서 보니 바로 앞 눈에 띄는 식당이 있었다. 그곳에 가서 점심 식사라도 대접해야 미안함이 조금이나마 해소될 것 같다고 생각하면서 미팅 장소인 『○연구소』로 들어섰다.

지각한 나를 10살이나 연세 높으신 그분은 너그러운 미소로 맞아 주셨다. 나이 듦이 돋보이는 모습이다. 이미 미팅 대상인 연구소 대표와 업무 협약 이야기도 마무리 지어놓은 뒤였다. 마무리된 이야기를 듣고 식당 봐 둔 곳이 있으니 함께 가시자고 미안한 마음을 대신했다.

지난주 월요일에도 수채화 강의 듣는 날이었는데 완전히 깜빡하고 시긴이 절반 이상 지난 뒤에야 생각나 결석하고 말았다. 나이 탓을 해 본다.

앞으로는 핸드폰 다이어리에 빠짐없이 기록해 두리라 다짐한다. 아직은 더 이상 나이 탓을 하고 싶지 않다. 그런데 말이지, 핸드폰 다이어리를 안 보면 어떻게 하지?

세월의 한 켠

전진수

신고식

허장성세

경조사

프롤로그

세 편의 글은 살아오면서 많은 이들이 경험하거나 느꼈을 것들이다. 이런 감정을 느끼면서 세월도 지나가고 있다. "고장 난 벽시계는 멈추었는데 저 세월은 고장도 없네!"라는 노랫말처럼 삶은 1초도 멈춤 없이 흘러가고 있다. 멈추면 죽은 것이다. 그러니 흐르는 세월이 미워도 느낄 수 있다면 살아있음이 고맙다.

30년 넘게 같이 한 아내, 직장생활을 시작한 지 몇 년이 된 딸과 작년 봄에 결혼한 아들 부부에게 살아 온 감정을 조금이라도 공유하고 싶은 욕심을 부려본다. 독자들도 공감의 영역에 들어온다면 환영이다.

신고식

신고식(申告式)을 떠올리면 부정적인 생각이 들기도 한다. 사전적 의미 중에서 "맡은 일을 처음 공식적으로 하는 것을 비유적으로 이르는 말"에 해당하는 경우가 떠올랐다.

직장 또는 단체 생활을 하다 보면 난감한 상황을 접하곤 하는데 신고식을 치르는 묘한 기분을 느낄 수 있다. 하지만 시간이 지나면 자신의 역량을 키워주고 인내가 왜 필요한지를 알려주는 교훈이 되기도 한다.

고등학교 입학 후 기숙사 생활이 익숙하지 않던 어느 날에 야간 점호가 끝나고 1학년 우리 반 전체는 옥상에 집합하였다. 밤바람이 쌀쌀한 3월의 어두운 그곳은 침묵으로 덮인 채 선배들의 목소리만 들렸다. "전체 엎드려뻗쳐!" 하자 모두 두려움을 느끼면서 복종했고, 이런저런 이유를 들은 후에 엎드린 자세에서 몽둥이로 수십 대씩 맞았다. 나중에 방에서 보니 양쪽 허벅지는 시뻘겋게 변해있었다. "선배는 타오르는 태양이고 후배는 꺼져가는 촛불이다. 선배는 하나님과 동기동창이고 성모마리아의 기둥서방이다."라는 황당한 말조차 당연해하는 신고식은 선배와 후배 사이의 복종과 질서를 강조하는 집단문화의 이면을 보여주었다.

1983년 봄, 울산 공전 한전 위탁생 등산모임(Natural Camp)은 신입생 환영 의식을 영남알프스 1박 산행으로 진행했는데 해발 1,000m의 추위는 산 아래와 달리 혹독한 겨울을 느끼게 했다. 한전 재직직원들과 고교 선배들로 구성된 모임에서 난생처음으로 산에서 1박을 하니 산행도 힘들었지만, 영하의 기온에서 설거지 등을 하는 것이 쉽지 않았다.

텐트를 치고 둘러앉아 저녁 식사를 하면서 자연스럽게 신입생 환영한다며 알파인스타일로 술을 돌리기 시작했다. 배낭에 담아온 모든 술을 밥하는 코펠에 쏟아붓고 노털카(술자리에서 술잔을 놓지도 말고 털지 말고 카 소리도 내지 말고 마시라는 뜻)로 잔을 돌리는 것이다. 눈치 보고 조금씩 마시면 큰 코펠에 담긴 술이 언제 없어질지 모르니 무조건 마셔야 했다. 결국은 정신을 잃게 만드는 음주문화였다. 나도 다음 해에 후배들이 들어오자, 반복해서 신고식 문화를 계승했다.

2016년 1월 15일, 사옥과 사택의 기계 및 전기 시설물 전체의 유지보수와 공사를 총괄하는 시설부서로 보직 이동을 했다. 전공분야와 관련된 업무를 20년 만에 다시 맡게 되었지만, 발전소 전기분야가 아닌 일반 시설물 업무는 처음이었다. 이동 전 1년 동안 노사의 대립이 심화되는 상태에서 노사협력 업무를 수행했는데 상황이 정리되자 이동을 요청했고 받아들여졌다. 당시 후배였던 노조위원장이 사업소 책임자는 못 건드리고 나와 팀장을 표적 삼아 고용노동부에 부당노동행위로 고발하여 소환 조사까지 받았었다.

새로운 부서로 출근하는 첫날, 긴급하게 연락이 왔다. 사택복지관 천정에서 물이 쏟아지고 있어 난리가 났다는 것이다. 급하게 담당 감독과 용역업체 책임자를 데리고 현장에 가 보니 2층 체육시설 바닥에 넘친 물이 아래층의 어린이 보육시설 바닥까지 흥건하게 젖게 했다. 원인은 외기에 노출된 2층 천정부의 스프링클러 헤드가 동파되어 계속 분수처럼 흘러나온 것이다. 급하게 배관의 밸브를 잠가 물이 더 이상 새지 않도록 조치했고, 평소에 확인이 어려웠던 벽면 개봉부는 창문을 설치하여 외기 유입을 차단하고 유사한 사고 발생을 방지하였다.

다음 날이 대설 한파인데 첫 출근한 기전 시설물 책임자에게 앞으로 잘하라고 따끔하게 경고를 한 하루였나. 업무 파악노 되지 않은 상태에서 시간이 어떻게 지났는지 정신이 없었다.

2024년 9월 9일, 정년퇴직 2개월이 지나 제2의 직장에 취업하여 전기차충전소의 전기안전관리 점검 업무를 시작한 첫날이었다. 41년 3개월의 직장생활이 끝나면 최소 6개월은 실업급여도 타면서 여유를 즐기려 했는데 갑자기 도와달라는 요청 때문에 새로운 일을 하게 되었다.

집에서 5km가량 떨어진 덕구온천 콘도 주차장에 설치된 전기차충전소에는 50kW 용량의 충전기 세 대가 운영되고 있다. 두 대는 점검을 마쳤고 충전 중인 것은 차주가 언제 오는지 마냥 기다리고 있었다. 차주와 차량 소손에 대한 시비가 우려되므로 충전이 완료되었어도 임의로 차량에서 충전기 케이블을 분리하지 말라는 것이 회사의 기본방침이다. 날은 점점 어두워지고 2시간이 넘게 차주를 기다려도 오지 않으니, 열은 점점 더 받고 화가 치솟았다. 아마도 충전해 놓고 산행하는 것 같았다. 차에는 일체의 연락처도 없으니 그저 답답할 노릇이다. 결국은 업무를 마무리 못한 채 포기하고 내려왔다.

요즘 뉴스 등의 언론매체에서 주차장 입구에 차를 세워 놓아 다수에게 피해를 주는 소식이 자주 등장한다. 나의 경우도 마찬가지였다. 보통 급속충전 시간이 1시간을 초과하면 충전 방해 행위에 해당되어 과태료가 10만 원이다. 차량 번호까지 휴대폰 사진으로 남겼으니, 안전신문고에 올리면 차주에게 과태료 고지서로 참교육을 시킬 수 있지만, 꾹 참았다. '그래, 새로운 일을 시작한 첫날이니 참자, 참아.' 그래도 화가 사그라지지 않는 것을 어쩌랴? '신고식 하는 기분으로 넘어가지만, 다음에는 봐주지 않고 처리하리라.'라고 소심한 복수를 다짐해 본다.

머피의 법칙까지는 들먹이지 않더라도 무언가를 처음 시작하는 시점에 이런 경우들을 당하는 상황이 지나고 나면 대처 능력이나 참을성이 조금은 생긴다. 여러 가지 감정도 돌아보면서 좀 더 단단해지고 있는 자신을 발견하게 된다. 당하는 사람은 황당하기도 하지만 다른 사람은 무심하게 지켜볼 뿐이다. 세상일에 쉬운 것이 어디 있으랴.

허장성세

허장성세(虛張聲勢)는 "실속은 없으면서 큰소리치거나 허세를 부린다."라는 의미다. 용을 그리려다 뱀을 그린다든지, 거창하게 시작하였지만, 결과가 시원찮을 때 주로 사용하는 표현이다.

평소 배우고 싶었던 스포츠 댄스를 은퇴와 동시에 시작했다. 예능적인 감각이 거의 없어 악기는 피리도 못 불고 기타는 몇 번이나 배우다가 포기를 했다. 가무에 능했던 선친보다는 예능 부분의 감각이 부족했던 어머니를 닮아 몸치, 박치에 리듬치라서 춤을 배운다는 것은 큰 도전이다. 특히 중학교 음악 시간에 선생님께 자주 혼났던 기억 때문에, 음악에 대한 작은 트라우마가 있다.

나이가 들수록 감소하는 인지능력을 유지하는 데 도움이 되는 것 중에서 춤과 노래, 그리고 악기 연주가 앞 순위이다. 용기를 내어 올해 7월부터 동호인들과 주 2회 강습을 받고 있다. 4개월 동안 룸바의 기본 스텝을 모두 배웠고, 2주 정도 자이브의 기본 스텝 몇 가지만 배운 상태에서 용감하게 콜라텍에 도전했다. 콜라텍은 콜라와 디스코텍의 합성어로 1980년대 중반에 청소년들이

건전하게 놀 수 있는 문화공간을 만드는 취지에서 정부 주도로 시작되었지만, 성인 사교 공간으로 활용되는 경향이다.

나이트클럽도 언제 갔었는지 기억이 희미하지만, 콜라텍은 처음으로 가 보는 공간이다. 화려한 조명과 큰 음향 소리가 귀를 찌르는 2층 공간으로 들어서서 잠시 분위기를 보고 있으니, 강사님이 무대로 잡아당겼다. 고출력의 앰프 소리에 정신이 없었고, 처음으로 춤을 추어 보니 스텝은 전혀 기억나질 않아 끌려다니느라 식은땀이 났다. 몇 곡의 음악이 끝나고 자리로 돌아왔는데 머리가 울리고 열이 나서 잠시 밖으로 나가 찬 바람을 쐬었다.

배운 지 얼마나 되었다고 무작정 콜라텍에 따라와 민망함을 느끼면서 2002년 겨울의 추억이 떠올랐다. 당시 헤엄도 못 하는 상태에서 수영을 배운 지 2개월 만에 25m 풀장의 왕복 80회인 4km를 완주하였기에 기세가 올라가던 중이었다. 그래서 아내와 부산 해운대해수욕장에서 열린 아쿠아 슬론 대회에 참가했다. 나는 Swim 1.5km와 Run 10km, 아내는 500m와 5km 부문이었다. 바다 수영은 처음이나 풀장에서 훨씬 긴 거리를 완주한 상태라 자신감이 꽉 차 있었고 전날에 만난 친구 부부와 저녁 식사를 하면서 큰소리도 쳤다.

11월의 쌀쌀한 날씨에 대회장의 분위기는 참가하는 동호인들과 응원하러 온 사람들로 북적였고 신나는 음악은 마음을 들뜨게 하였다. 추우니 웨트슈트를 착용한 사람들도 꽤 많았다. 수영복하의만 착용한 상태로 500m를 3회 반복하는 코스에 출발 신호와 함께 뛰어들었다. 하지만 흐린 날씨에 바닷속은 시커멓게 보이고 물속은 너무 차서 몸이 경직되어 마음처럼 수영이 되질 않았다. 게다가 파도까지 치니 자세를 유지하고 전진하기가 더욱 어려웠다.

조금 가다 코스 안내줄이나 스티로폼을 잡고 있기도 하였다. 이런 행동을 여러 차례 반복하자 지켜보던 진행요원이 보트 위에서 "선생님, 그만하시죠?" 하는 말에 그냥 맥이 풀려 기권하였다. 처음으로 접해 본 바다 수영은 파도가 없고 따뜻한 풀장과는 차원이 달랐다. 200m 정도에서 포기하고 진행용 보트에 올라타 백사장으로 돌아오는데 그 민망함은 말도 못 할 정도였다.

아내는 바닷가 동네에서 자라 헤엄도 잘하고 수영까지 배워서 두 종목을 깔끔하게 완주했다. 이후로 그녀는 "자기 앞에서 운동한다고 하지 말라"라고 큰 소리를 치곤한다. 이때의 경험으로 바다 수영을 본격적으로 연습하여 다음 해에 제주도 국제철인대회에서 Swim 3.8km, Bike 180.2km, Run 42.2km를 완주했다.

콜라텍의 하루는 처음으로 바다 수영에 도전했던 22년 전의 기억을 소환하게 하였다. 파도를 타는 방법부터 배우고 적응하니 나중에는 파도타기가 재미있게 느껴져 수영에 두려움이 점차로 없어졌다. 스포츠 댄스 강습도 첫 3개월과 비교하면 스스로 생각해도 조금씩 발전하고 있음을 느끼고 있다. 댄스화도 구매했고 얼마 전에는 대전에서 고교동기 모임에 참석할 때 댄스복도 맞췄다.

"도끼를 갈아서 바늘을 만든다."라는 마부작침(磨斧作針), "물방울이 모여 돌을 뚫는다."라는 수적석천(水滴石穿)을 좋아하는 나는 선친의 예능적인 감각보다 어머니의 인내력과 끈기를 많이 물려받았다. 어머니는 칠순 무렵에 요가를 시작하여 4년 만에 양다리를 180도 벌려 가슴을 바닥에 닿을 정도의 자세를 보여주셔서 자식들 부부가 모두 놀란 적이 있었다. '그래, 도전해 보는 거야. 3년은 하면 기본은 하겠지.' 하면서 스스로에 용기를 불어넣는다.

배워야 할 춤의 종류도 다양하다. 룸바, 자이브, 차차차, 왈츠, 탱고, 블루스, 지르박 등만 해도 얼마나 많은 시간을 배워야 할지 고민이다. 아내에게 같이 배우기를 권했지만, 직장생활이 힘들다고 거절했다. 3년 후 크루즈 여행을 가면 선상 파티에서 이국 여성과 멋있게 춤을 춰보는 것이 작은 목표이다.

토끼와 거북이의 경주에서 끈기와 인내를 발휘한 거북이의 승리처럼 시간이 지날수록 반복의 효과가 조금씩 나타나고 자신감도 생기고 있다. 최근 몇 년 사이에 잘한 것을 꼽으라면 스포츠댄스를 배우기 시작한 것이다. 과거에는 춤바람에 제비족까지 부정적인 모습들이 있었다면 최근에는 지자체에서 운영하는 문화센터나 복지관 등의 문화강좌로 저변이 확대되어 이미지도 많이 바뀌었다. "요즘은 제비나 꽃뱀이 먹고 살기가 힘들어 다른 곳으로

다 옮겨갔기에 없어요."라는 강사님 말에 웃음이 나왔다.

콜라텍 경험 후에, 집에서 큰 TV 화면에 유튜브를 보며 혼자 춤을 추기 시작했다. 스트레스도 해소되고 재미도 더해갔다. 먼저 이렇게 음악에 적응하면서 연습하고 갔더라면 콜라텍에서 민망함이 덜 했을 것이다. 이제 한 가지 춤의 기본만 배운 상태이다. 머리로는 이해가 되지만 몸으로 구현되기가 쉽지는 않다는 것을 항상 느끼며 "천 리 길도 한 걸음부터"라는 속담처럼 천천히 나가면 될 것이다. 크루즈 여행에서 이국 여성과 춤을 춰보겠다는 말이 대단한 것은 아니지만 허장성세가 될지는 시간이 확인해 줄 것이다.

경조사

아들의 결혼 청첩을 계기로 경험한 경조사에 대하여 생각해 보았다. 그것을 세월의 순서로 돌아보면 내가 결혼하였고, 선친이 돌아가신 지 1년 뒤에 장인어른이, 그리고 수년 전의 어머니 순으로 양가 부모는 장모님만 제외하고 기억 속에만 존재하게 되었다.

직장생활을 40년 했으니 직접 관련된 경조사도 여러 번 있었고 직장동료들이나 직장 외의 인연으로 수많은 경조사를 접했다. 오랫동안 무심하게 지내다가 경조사 목록을 관리한 것이 10년 남짓에 천 번이 넘는다. 애사 중 어른들의 경우는 위급하다는 연락을 받고 병원으로 가면 며칠 뒤에 장례를 치르곤 했다. 병석에 계셨던 상황이 아니고 갑자기 발생할 때 정해진 장례 절차 등을 협의하고 진행하다 보면 알리는 과정에서 지인들에게 연락하지 못하는 경우가 생긴다.

직장생활 초기에는 경조사가 발생하면 총무 역할을 하는 사람이 공람 형식으로 양식에 서명받아 급여에서 공제하여 경조비를 전달하기도 했다. 이때 상사에게 아부 잘하는 사람들은 자신을 어필할 수 있는 좋은 기회다. 돌아보면 경조사에 많이 다니기도 했다. 특히 결혼 전에는 전국이 좁은 양 친구들의 결혼식을 축하해 주거나 피로연에서 사회를 자주 보았고 장례식은 휴가를 내서 참석하였다. 하지만 세월이 흐르니 기록이 없는 대부분 것들은 기억나질 않는다.

애사 중에서 특히 가슴이 아팠던 두 경우가 생각난다. 1990년대 초반에 교대근무를 하는 친구의 어린 자식이 인근의 의원에서 감기 치료를 받았으나 호전되질 않아 원주의 병원에서 뇌수막염 진단을 받고 사망하였다. 의료 여건이 열악한 울진에서 치료 시기를 놓쳐 떠난 애를 화장하고 추운 겨울의 강가에 뿌리고 올 때, 총각이지만 마치 나의 자식인 것처럼 슬펐다. 의사들의 집단행동과 정부의 대응을 보면서 그때의 감정이 올라왔다.

또 자손이 귀한 집의 외아들인 친구는 갓 태어난 애가 배꼽 주변에 소소한 상처가 생겨 치료를 잘 받고자 포항의 유명 병원에서 며칠간 입원 치료 중, 퇴원 전일 저녁에 전화로 다음 날 퇴원해도 된다는 말을 들었다. 그런데 밤늦게 애가 위급하다는 병원측의 연락을 받고 급하게 내려가 보니 이미 애는 숨을 거둔 상태였다. 간호사의 실수로 이름도 짓지 못한 갓난아이가 뒤집어져 질식사한 것이다.

출산 전에 미리 준비해 두었던 애의 장난감과 옷가지 등을 챙겨서 냉동시킨 어린애를 양지바른 산등성이에 묻어주었던 기억도 생생하다. 친구 부부에게 위치를 알려주지 않았지만 지금도 포항 방면으로 오갈 때면 그곳을 쳐다보곤 한다. 그나마 다행이라면 두 경우 모두 이후에 애들이 생겨 그들의 마음에 조금이나마 위안이 되었으리라 생각된다.

아들의 결혼은 애사와 달리 첫 경사로 사전에 계획된 것이라 여러 가지를 살펴볼 수 있는 시간 여유도 있어 다양한 감정들이 느껴졌다. 인생사 사람들과의 관계와 친밀도의 변화 그리고 생사 소식까지도….

흔히 경조사는 주고받는 것이라고 표현한다. 목록의 이름들을 보면서 제일 안타까운 것은 많지 않은 나이에 사고든 질병이든 사망한 경우들이다. 어떤 이는 마라톤 동호인으로 같이 풀코스를 달렸고, 현재 거주하는 전원마을을 함께 만들었던 이와 평소 소식이 궁금했던 이름도 있다.

빈가운 경우도 발견한나. 통화를 하면서 40년 전의 추억을 소환하며 공감대를 표현했던 후배와의 대화, 청춘의 시절에는 친밀했으나 어떤 사정으로, 소원했던 친구와의 통화에서는 서로에게 미안함을 표현하며 지나간 세월의 아쉬움을 공유했다. 이런 것들이 청첩하면서 확인되는 감정들이다.

반면에 아쉬운 경우들도 있다. 퇴직 이후에 연락을 끊거나 연결되지 않는 경우들이다. 어떤 사정이 있는지는 알 수 없으나 궁금한 것은 분명하다. 어떤 이는 10년 동안에 6번이나 애경사가 발생하기도 하였고 어떤 이는 한 번도 없었거나 기억에도 없다는 것을 알게 되었다. 교통 여건이 불편했던 시절에 울진에서 서울에 가려면 보통 7시간이 기본이라 오가면서 발생한 일화도 여럿 있다. 교통사고로 비명횡사할 뻔도 했다.

다른 경우는 몇 번씩이나 참석하였는데 그이가 나에게 왔던 기억은 없다. 사람인지라 주고받았던 기록을 보니 금액과 횟수 그리고 왕래 여부가 비교되어 마음 한구석에서는 약간의 본전 생각도 난다면 너무 속물일까. 미안한 경우들도 있다. 특히 반드시 가봐야 하는 친인척 경우에 등산과 마라톤 등의 취미활동에 빠져 소홀했던 것이다. 지나고 보면 당사자에게는 평생에 한 번 있는 경우인데 희로애락을 같이하지 못했다.

휴대전화에 저장된 번호를 보고 어떤 이들과는 새로운 관계를 맺고 싶어서 염치 불고하고 청첩하였다. 수십 년의 교류가 있었어도 어떤 이는 결혼하지 않았거나 자녀가 없으니 연락하기가 망설여지기도 했다. 친구가 영어의 몸이라 그의 아내가 꼭 연락을 주라는 부탁도 받았다. 반면에 알았다면 꼭 축하해 줬을 경우도 당사자를 보면 생각이 나곤 한다.

직장생활을 하면 대부분 퇴직 전에 자식을 출가시켰으면 하는 것이 솔직한 심정일 것이다. 직장 내의 네트워크와 조직의 제도적인 지원도 있기 때문이다. 다행스럽게 나도 그런 혜택을 받았다.

지나온 세월과 연결된 사회적 관계망, 그 네트워크 속에서 나의 평판과 퇴직 후 앞으로의 관계 등을 생각하게 만든 계기였다. 청첩하며 느끼는 감정들에서 내 삶의 모습을 엿볼 수 있어 '인간은 사회적 동물이다.'라는 의미도 확인할 수 있다.

이제는 회갑이 지나 인생 2막의 삶을 시작하는 60대이다. 인간관계도 감당할 수 있는 수준으로 범위를 조금씩 줄여야 하고 정리해야 한다. 외면적인 부분보다도 내면의 가치를 중시하며 양보다는 질을 추구하는 삶을 지향해야 한다.

앞으로 결혼식이나 경사에는 축하도 해 주면서 주변의 관광지를 여행하는 기분으로 숙박도 하는 여유를 즐기고 싶다. 보통 삶이 끝나면 장례는 가족의 의도대로 진행된다. 하지만 사후에 방문객들이 와준들 고인에게는 어떤 의미가 있을까. 몸이 불편해지는 시기가 오면 '생전 이별식'을 통해 삶의 여정에서 연결되었던 사회적 관계망을 정리하고 싶다. 한껏 멋 부린 의복을 차려입고 가족과 지인들을 초대하여 맛있는 음식과 시끌벅적한 대화로 인생의 즐거움을 정리한다면 욕심일까. 75세 전후에 그런 청첩을 할 수 있으면 행운이겠지.

복덩이의 인생 이야기

류성희

복덩이

콩깍지 그 너머

나를 울린 신부 입장

프롤로그

"복덩이"라는 이름은 우연히 얻은 것이 아니다. 어려운 환경 속에서 꿋꿋이 살아온 내가 수많은 시련을 통해 축복과 은혜를 깨달아 가는 과정이 담긴 이름이다.

시골에서 태어나 가족의 기대에 대한 부담 속에서 성장하며, 어린 시절의 아픔과 즐거움이 얽힌 기억들, 그리고 교사가 되어 아이들과 나눈 웃음과 눈물은 내 삶의 한 페이지 한 페이지를 채워왔다.

아래의 글 세 편은 그동안 가슴 깊이 간직해 온 감정과 진솔한 이야기를 담고자 한 첫 도전의 열매다. 인생의 빛과 그림자를 함께 나누며 따뜻한 순간들이 전해지기를 바란다.

아울러 독자 여러분이 함께 이 여정을 걸으며 삶의 작은 기쁨과 희망을 발견하기를 기대한다.

복덩이

음력 5월, 보리를 거둬야 할 한창 바쁜 시기에 여주에서 넷째 딸로 태어났다. 우리 집은 3대 독자 장손 집안이었기에 아들을 기다렸다. 청상으로 아버지 한 분만 기르신 할머니께 엄마는 면목이 없어 나를 죽든지 말든지 하라고 포대기로 둘둘 말아 윗목으로 밀어 놓으셨다. 그래도 구박 덩이는 죽기는커녕 악을 쓰며 울어대는 바람에 할 수 없이 끌어다 젖을 먹였다.

그 후 아무런 탈 없이 잘 자란 나는 언니와 다섯 살 터울이었는데 곧바로 남동생을 보아 터를 잘 팔았다고 그때부터 할머니는 나를 복덩이라 부르셨단다. 할머니의 무릎과 등은 내 차지였고 내 자리는 꽃방석이었다.

나는 초등학교에 입학하자마자 백일해를 몹시 앓아 장기 결석을 했다. 진급 제도가 있던 때라, 12월에 진급 시험을 보지 않으면 2학년으로 진급을 못 한다고 담임선생님이 반 아이들을 집으로 보내 알려왔다. 마침 백일해가 거의 나을 무렵이어서 시험을 보러 갔다. 기침이 멎으면 틈틈이 1학년 국어책을 큰소리로 읽곤 해서 거의 외우다시피 했기에 시험은 쉬웠다.

제일 먼저 시험지를 선생님께 드렸더니 “벌써 다했니?”라며 난롯가에서 장작을 지피던 선생님이 놀라더니 바로 채점을 하셨다. “어머나, 하나 틀리고 모두 맞았네.” 하며 반 아이들에게 “성희는 그렇게 결석을 많이 하고도 이렇게 빨리하는데 너희들은 뭘 그리 붙들고 있느냐?”라고 혼을 내셨다. 그 결과 나는 2학년으로 진급을 하게 되었다.

1학년 종업식 날, 우등상과 개근상을 받는 아이들이 무척 부러웠다. 나는 2학년 때는 꼭 상을 받겠다고 마음먹고 체해도, 감기에 걸려도 빠지지 않고 학교에 열심히 갔다.

그해 가을 어둑어둑할 때쯤, 할머니가 들에서 일하고 오시기에 할머니를 부르며 뛰어가다가 모퉁이에서 튀어나온 고양이와 부딪쳤다. 비명과 함께 놀라서 주저앉아 벌벌 떨었고, 고양이도 혼비백산하여 도망갔다. 그날 저녁에 고열이 나고 경기를 심하게 하여 다음 날 결석을 하고 말았다. 그래서 2학년 종업식 날 우등상은 받았으나 개근상은 받지 못했다. 그때부터 나는 고양이를 아주 무서워하고 싫어한다.

잔병치레 없이 3, 4학년은 순조롭게 학교를 잘 다녔고 공부에 욕심이 많던 나는 그렇게 바라던 우등상과 개근상을 대표로 나가 받으며 꿈을 이루었다.

잔병치레로 1년 늦게 입학하여 같은 또래의 친구들보다 한 학년이 낮아 불편하였는데, 그 당시 초등학교 교사였던 큰언니의 주선으로 교무회의를 거쳐 학력을 인정받아 4학년을 마치고 6학년으로 월반하게 되어 같은 나이의 친구들과 당당하게 어깨를 나란히 하고 5년 만에 초등학교를 졸업 했다.

엄격하게 가정교육을 하셨지만, 나를 신뢰하시는 아버지의 사랑과 못 배운 것이 한이 되신 엄마의 교육열에 실망시켜 드리지 않으려고, 감사하는 마음으로 사춘기도 없이 중·고등학교 시절을 보내며 교사인 큰언니처럼 선생님이 되리라는 꿈을 꾸었다.

드디어 1969년 나의 꿈이었던 초등학교 교사가 되었다. 첫 제자들은 1960년생 3학년 학생들이었다. 그들은 여선생님이 담임이라고 좋아하였고, 여교사 수가 적던 때라 학부모들은 이십 대 초반인 나를 극진히 대해 주었다. 교사 생활이 만족스럽고 행복했다.

40여 년의 교편을 잡고 성실하게 한 우물을 판 결과, 교단의 꽃이라는 교장으로 승진까지 하고 명예로운 정년퇴임을 했으니 역시 난, 할머니가 붙여주신 별명 '복덩이'가 맞는 것 같다.

콩깍지 그 너머

1971년 3월에 발령이 나서 근무하던 학교는 규모가 크다 보니 처녀, 총각 선생님이 많았다. 2년이 되던 해 등산반을 만든다고 해서 나도 일원이 되어 공휴일이면 일정대로 배낭을 메고 등산을 갔다.

등산 회원 중 송 선생님은 예의 바르고 재치와 유머 감각이 뛰어나 인기가 많았다. 보이스카우트 레크리에이션 강사로도 인정받고 리더십도 남달라 늘 일행들을 즐겁게 해 주는 재능이 있었다. 그런데 마니토나 팀을 정할 때마다 거의 나와 짝이 되거나 한 팀이 되었다.

처음에는 짝이 되거나 한 팀이 되는 것이 우연인 줄 알았는데 모임의 횟수가 늘어날수록 나를 대하는 감정이 남다른 느낌을 받았다. 인기남의 시선이 싫지는 않았지만, 나이 차이가 10년이 되다 보니 거리를 두고 경계를 늦추지 않았다.

하지만 운동을 좋아하여 방과 후면 선생님들과 탁구도 자주 치면서 자연스레 그와 함께하는 시간이 많아졌다. 차츰 내 마음

속에서 '나이 차이만 적으면 얼마나 좋을까?' 하는 생각이 자리를 잡고 흔들리기 시작했다.

마침내 1972년 11월 데이트 신청을 받았다. 망설였지만, 은근히 마음이 끌리던 차라 약속을 잡고 사람들 눈이 많아서 소문날까 봐 김포공항까지는 각자 버스로 가서 만난 뒤, 시내버스를 타고 고궁과 영화관에서 비밀 데이트를 하였다. 올 때는 어김없이 김포공항까지만 같이 오고 나를 먼저 버스를 태워 보내주었다.

집에 잘 들어갔는지 그는 꼭 공중전화로 확인하는 등 다정다감하며 모든 일에 자상하고 신중하였다. 만능 엔터테이너라 할 만큼 영어와 음악, 체육, 인성 모든 면에서 나무랄 것 없이 뛰어나고 예절 바르며 멋있는 신사였다.

홀어머니를 모시고 살며, 나이 차이가 많다는 이유로 한 번 더 생각해 보라는 주위의 조언도 있었지만, 나는 그가 왜 30 중반을 넘기도록 결혼하지 않았을까? 하는 의심조차 없이 그냥 은근히 다가오는 그에게 자석에 끌리듯 끌려갔었다. 그 두 가지 상황 때문에 부모님께서도 적극 반대하셨으나 나의 뜻을 꺾지는 못하셨다.

특별한 프러포즈도 없이 결혼 말이 오가고, 시어머니 되실 분이 2월에 내가 살고 있는 언니 집으로 갑자기 선을 보러 오셨다. 그런데 몇 말씀하신 뒤 다짜고짜 쓰고 있던 나의 모자를 제치고는 내 귀를 만져보고 살피시는 게 아닌가? 그때 알아차려야 했다.

시어머니 되실 분의 그 당차신 행동 속에 내포하고 있는 성품을....

표현은 못 했으나 기분이 매우 나빴다. 그러나 그이를 생각하면 그게 대수로이 여겨지지 않았다. 혼기도 차고 여교사라는 직업 때문인지 여러 곳에서 중매가 들어왔지만 이미 눈에 콩깍지가 낀 후라 귀에 들어올 리 만무했다.

잠깐 초등교사로 근무하면서 중등 영어 교사로 가기 위해 대기발령 중이었던 그는 1973년 3월 초 포천 영중중학교로 발령이 났다. 우리는 3월 중순께 약혼식을 하고, 데이트를 시작하여 6개월이 되는 5월 5일에 결혼을 했다. 그의 나이 37세, 나는 27세였다. 나이 차이는 있었으나 '영국 신사'로 불리며 미혼 여성들과 딸을 둔 어머니들에게 선망의 대상이던 멋진 남자와 결혼을 하게 되니 한 치 앞도 내다보지 못하고 세상을 다 얻은 것같이 행복한 마음으로 가득했다.

그 당시 신혼부부들은 신혼여행으로 남산을 한 바퀴 돌거나 온양온천을 다녀오는 게 고작이었는데, 우리는 비행기를 타고 부산으로 신혼여행을 가서 남들의 부러움을 샀다. 물론 나도 처음 타 보는 비행기였다.

부산에서의 꿈같은 신혼여행을 보내고 돌아오던 날 저녁부터 부엌에 들어가 저녁밥을 지어야 했다. 집에서는 물도 떠다 먹을

새 없이 미리 준비해 주는 등 귀함을 받던 나였다. 신혼여행의 달콤한 시간은 사라지고 집 생각이 나고 서러워서 눈물을 삼키며 저녁밥을 지었다. 내 생전 처음 차려본 밥상이 제대로 시어머니의 입맛에 맞을 리 없다. 시어머니께서는 "넌 그 나이 되도록 친정에서 뭘 배웠냐?"라고 역정을 내셨다.

난 너무 억울하여 쏟아지는 눈물을 삼키며 입을 꾹 다물고 아무런 말도 못 했다. 그날부터 청상의 홀시어머니 시집살이와 외며느리 애환이 시작된 것이다. 남편을 신랑감이나 사윗감으로 탐내는 사람은 많았어도 결혼이 성사되지 않은 이유를 그제야 알 것 같았다. "고초 당초 맵다 한들 시집보다 더할 손가?"라는 노랫말처럼 시집살이는 상상을 초월했다.

심지어 시어머니께서는 우리에게 여보, 당신 등 부부 호칭도 당신 앞에선 쓰지 말라 하시고, 남편은 소천(小天)이니 항상 존댓말을 쓰라고 명하셨다. 그런데 우리 친정은 열녀 상을 받으신 할머니와 효자상을 받으신 아버지, 순종하시는 엄마, 모범적인 효자 집안으로 소문이 나 있었다.

아버지께서는 결혼을 앞둔 나에게 "청상의 홀시어머니시니 벙어리로 귀머거리로 장님으로 각각 석삼년을 살라."라고 하셨다. 어머니는 시어머니 앞에서 "남편을 낮에는 남 본 듯하고, 밤에는 님 본 듯 살라."라고 하시며, "참을 忍자 세 번 외우면 살인도 면한다고 했으니 어떤 일이든 참으며 살라"라고 누누이 말씀하셨다.

이렇듯 철저히 순종하는 가정교육을 받아왔기에 10년 연상의 남편에게 함부로 말을 놓을 생각이 없던 터라 묵묵히 순종했다. 그래서 남편과 사별할 때까지 한 번도 부부 호칭을 써 보지 못하고 오로지 '송 선생님'으로만 불렀다.

그런 시집살이에도 내가 참고 견딜 수 있었던 것은, 서로 마주치기만 하면 항상 안아 주고 등을 토닥여 주며 "내가 이다음에 다 보상해 줄게. 나는 방탄조끼를 입었으니 속상할 때마다 참지 말고 나에게 쏘아대도 괜찮아."라고 속삭이며 울타리가 돼 주는 그 애정 어린 모습 때문이었다. 그렇게 미안해하는 그의 품성이 오히려 불만스러운 말을 하지 못하도록 나의 입을 스스로 닫게 했다.

그는 이렇듯 나를 한없이 사랑해 주고 존중해 주는 좋은 남편이었고, 어머니께도 세상에서 두 번째 가라면 서러워할 효자였다. 그 콩깍지만 아니었더라면 나를 그렇게 며느리 삼고 싶어 하던 인품 좋고 갑부인 더 좋은 집안으로 시집가서 귀여움을 받으며 잘 살 수 있었을 텐데, 콩깍지를 씌워준 그의 사랑이 사별 후에도 시어머니를 모시고 석삼년의 3배 이상을 살게 할 줄이야....

나를 울린 신부 입장

농부들의 마음을 애태우던 가뭄 끝에 축복의 단비가 보슬보슬 내리는 6.26일 토요일, 우리 교회 부목사님의 결혼예식에 참석하고자 좀 일찍 교회로 갔다. 아주 오랜만에 교회에서 하는 혼인예식이기에 어떻게 꾸며져 있을지 궁금했기 때문이다.

결혼식장으로서 초라할까 봐 염려했던 마음은 기우였다. 상상을 초월해 변한 본당 로비와 엘리베이터 앞에 화려하고 아름답게 꾸며진 신부대기실과 신랑 신부의 달콤한 사랑의 흔적들이 사진으로 잘 전시된 모습은 여느 예식장에 비해 손색이 없어 보였다.

'본당은 어떻게 변했을까?'

역시 본당 출입구에 자리하고 있던 책상들은 모두 치워져 넓은 공간으로 변했고, 신랑 신부가 입장할 멋있는 아치도 세워졌는가 하면 양쪽으로 흰 수국과 하얀 천들이 의자와 의자를 이어 늘어져 있고, 백색 융단이 단상을 향해 깔려 있다. 백색의 콘셉트가 깨끗하고 단아하며 그 어떤 예식장보다도 화려해 보였다. 결혼플래너들의 아이디어와 구성과 표현력에 감탄하며 하객이자 교인으로

서 만족했다.

시간이 가까워지니 축하객들로 자리가 채워지기 시작했다.

여느 결혼식과 다르다. 찬양단이 리더와 입장하고 힘찬 축복 송과 드럼의 연주에 맞춰 하객들이 모두 일어서서 신나게 손뼉을 치며 찬송했다. 평소에 청년 사역을 많이 하고 활달한 성격에 뛰어난 유머 감각과 재치 있는 언변으로 사회도 잘 보시던 신랑 목사님과 꼭 맞는 분위기였다.

사회자의 결혼예식 선포가 나오자마자 하객들은 모두 자리에 앉았고, 신랑과 신부의 결혼식에 대한 안내가 끝난 뒤 순서대로 축하의 박수를 받으며 싱글벙글 입을 못 다무는 신랑 입장에 이어 신부 입장 차례가 되었다.

"다음은 이 세상 어떤 꽃보다도 가장 아름다운 신부 입장이 있겠습니다. 모두 일어나셔서 박수로 축하해 주시면 고맙겠습니다." 라는 멘트가 나오자 전부 자리에서 일어났다. 그때 뒤를 돌아봤는데 입장을 해야 하는 신부 옆에, 손을 잡아 줘야 할 신부의 부친이 안 보였다. '옷매무새를 고치시나?' 생각할 때 사회자가 신부 입장을 외치는 게 아닌가?

귀와 눈을 의심하며 신부를 쳐다보는데 살포시 미소를 지으며 혼자 당당하게 입장하는 신부! 순간 나의 눈에서 눈물이 왈칵 쏟아졌다. 얼른 얼굴을 가리고 흐르는 눈물을 주체하지 못해 주저앉아서 머리를 숙인 채 눈물을 삼켰다. '성스럽고 기쁜 남의 결혼식장에서 내가 뭐 하는 거야?' 하는 생각에 짠한 마음을 가다듬고 고개를 들고 보니 옆의 권사님도 손수건으로 눈물을 찍고 있었다.

신부 혼주 측 친모 옆자리에 빈 의자가 덩그러니 놓여 있었다.

분명 모바일 청첩장에는 부친의 성함이 있었는데 무슨 이유인지는 모르겠지만 '아버지가 안 계시면 신랑과 신부가 동시 입장하면 좋지 않았을까?' 하는 생각이 들며, 어려서 아빠가 돌아가셨지만 잘 커 준 우리 큰딸의 예식 하던 날이 떠올랐다. 옆자리에 내 남동생이 앉아 있었으나 일찍 떠난 남편을 생각하니 몹시 허전했다. 내가 부족하여 애들 아빠를 지켜내지 못한 것 같아 딸에게 미안해서 너무 많이 울었던 생각과 함께 신부가 가여운 마음에 눈물을 감추지 못했던 것이다.

애틋한 마음으로 예식을 마치고, 피붙이도 아니지만 내 딸 같은 심정으로 신부를 위해 무언가를 해 줘야 할 것 같은 생각 때문에 그냥 지나칠 수가 없었다. 그래서 너무 소박하고 예뻐서 찍어놓았던 신부대기실 사진을 배경으로 "김 00 목사님, 결혼 찐 축하 합니다. 남편으로서, 아버지처럼 품위와 깊이 있게 아내 사랑 많이 하시며 행복하세요." 하고 신부를 응원하는 문자를 보냈다. 물론 답장은 없었다. 그래도 조금이나마 신부를 위하는 성도가 있음을 보여준 것 같은 자기도취에 서운하지 않았다.

서로 의논이 된 상황이었을 것이라 생각하면서도 아무렇지 않게 미소 지으며 입장하던 신부의 모습이 눈에 선하여 함께 입장하지 않은 신랑이 그 후에도 계속 원망스러웠다. 1주일 후, 신혼여행에서 돌아오신 목사님께 이유를 물어보았다.

"몇 년 전에 친부가 돌아가셨다기에 같이 입장하자."라고 했는데 "하나님께서 아담과 하와에게 최초의 부부로서 부모를 떠나 둘이 한 몸을 이루라."라고 하신 말씀을 염두에 둔 신부가 혼자 입장하겠다기에 그의 생각을 존중하여 그렇게 하기로 의논된 연출이었다는 것이다. '그래서 신부의 표정이 그렇게 밝고 의연해 보였구나.' 하는 생각에 마음이 놓였다.

신랑 신부가 하나 되던 날의 기쁨과 감사와 사랑이 늘 변함없이 옹달샘처럼 퐁퐁 솟아나기를 하나님께 기도한다.

감정을 걷다

기문자

영혼의 길

별의 속삭임

우주에 쏘아 올린 기도

아프지 마

프롤로그

일상에서 겪는 작은 사건들이 때로는 내 안의 깊은 곳을 흔든다.
그 속에서 내가 몰랐던 감정들이 떠오르고 때로는 갈등하며,
때로는 평온을 찾는다.

아픔과 기쁨 속에서 나는 자신과 마주하고 내면의 소리에 귀
기울인다. 이 글은 그 여정의 기록이다. 그 과정에서 발견한 것은
단순한 이야기들이 아니다. 이 이야기는 나만의 것이 아니라,
누구나 겪을 수 있는 감정의 흔들림이자 그 속에서 찾은 자유와
평온을 향한 기도다.

영혼의 길

오늘은 대한민국 독립선언의 날, 삼일절이다. 주말이 이어지는 금요일이라 3일간의 연휴가 시작된다. 온 산천은 눈이 녹아내리며 생명이 움트는 소리가 들리는 듯하다. '연휴 동안 무엇을 할까?' 라는 생각이 머리를 스치며 마음이 설레기 시작한다.

네비게이션으로 대구시의 특정 장소를 입력하고 차의 시동을 건다. 상담사들의 워크숍에 참석하려는데 도착하기까지 소요 시간은 4시간 13분, 나에겐 분명 장거리다. 하지만 지금은 가야 한다는 생각뿐이다.

'수호천사, 내가 대구로 가려고 해. 나랑 함께 가자! 잘 부탁해.'

고속도로 상황은 20~30km의 느린 속도의 차량들이 꼼짝없이 정체되어 있다. 도로가 막힐 것을 알면서도 길을 나선 이유는 무엇일까? 누구를 위해, 무엇을 위해 이렇게 나섰을까? 스스로 물으면서도 후회하지는 않는다.

문득 아버지가 떠 오른다. 눈물이 하염없이 흘러내린다. 돌아가신 아버지께 하고 싶었던 말을 한다.

"아버지, 어린 시절부터 나를 무조건 돌봐주고 지켜주고 사랑해줘야지, 어디 있었어! 우수한 성적으로 장학금 받아와 자랑하고 싶었는데 자랑도 칭찬도 받지 못했어. 성인이 되어서는 내가 졸지에 가장 역할을 다하느라 꿈도 뒤로 미루기까지 했어. 결혼식장에도 혼자 들어가고, 살면서 어려운 일이 닥쳤을 때도 혼자 문제를 해결하고, 현재 치매기가 있는 엄마까지 혼자 돌봄에 신경 쓰고…. 항상 내 옆에는 아버지가 없었어. 얼마나 무섭고 외로웠는지 알아? 정말 밉고 화가 났어."

"그런데 이상해, 아버지가 너무나 보고 싶어. 아버지, 내 말 듣고 있는 거야?"

아버지는 고개만 끄덕일 뿐 조용히 들어 주신다. 살아오며 겪었던 역경들이 쓰나미처럼 지나간다.

'참 최선을 다하며 살아왔네. 대단해.'

깊은 상처와 상실 속에 웅크리고 있던 내 안의 아이를 찾아가 마주한다.

"힘들었지?"

아이에게 묻자, 울음을 터뜨린다.

"어, 우아아앙."

아이를 다독이고 칭찬한다. 어느새 얼굴은 눈물과 콧물로 범벅이 되고 눈가와 코끝이 벌겋게 상기되어 있다. 조수석에는 이미 사용한 휴지가 수북하다.

고속도로는 막혔지만 내 정서의 길은 뻥 뚫려 있다. 차창을 살짝 열자, 바람결이 새 깃털처럼 부드럽게 피부에 닿는다. 신선한 공기의 향기가 가슴 깊이 스며든다. 두 눈은 맑고 밝은 푸른 하늘 위를 유유히 흘러가는 구름을 쫓는다. 차 안에 가득했던 먹먹함이 사라지고 숨이 한결 가벼워진다.

'아, 이 순간도 참 소중하구나.'

마음이 편안함으로 가득 찬다.

얼마나 달렸을까. 고정된 자세로 오랜 시간 앉아 있었던 몸이 스스로 신호를 보낸다. 뻣뻣해진 목과 불편한 허리, 두 다리를 쭉 펴고 싶어진다. 라디오를 신나는 음악으로 맞추자, 리듬에 따라 몸이 흔들린다. 웃음소리가 나오는 채널로 돌리니 나도 덩달아 웃음이 터진다.

"우하하하! 이히히히! 에헤헤헤!"

크게 소리 내어 마치 미친 사람처럼 폭소를 터뜨린다. 웃음소리에 온몸의 세포가 열리는 듯 몸이 가벼워진다. 열기와 생동감이 마음의 공간을 확장 시킨다. 내면의 진정한 '나'를 만나 울고 웃고 소리치며 자유롭게 자신을 표현한다. 마치 영혼이 육체를 떠나 자신을 일정한 거리에서 바라보는 것 같다. '울다가 웃으면 똥

구멍에 털 난다'라는 말이 떠올라 다시 함박웃음을 터뜨린다.

목적지에 도착하기까지 무려 7시간 30분이나 걸린 시간은 나를 돌보고 내 영혼과 함께한 특별한 여행을 만들어 주었다. 이 여정의 끝에는 무엇이 기다릴지 모르지만, 지금, 이 순간 나는 그 길 위에 서 있다. 바람이 불어오는 대로 내 마음이 이끄는 대로 한 발 한 발 내디딘다.

마치 잔잔한 물결처럼 마음속 깊은 곳까지 종소리가 울려 퍼진다. 무언가가 끊어지고 새롭게 시작되는 듯한 기분이 들며 가슴 한가운데에 따뜻한 여운이 남는다. 종소리는 단순한 울림이 아니라 마치 오래된 기억을 깨우고 새로운 나를 열어 주는 신호처럼 다가온다. 그것은 나를 움직이게 하는 힘이고 나를 앞으로 나아가게 하는 에너지다.

내 영혼의 자유와 독립을 위해 아침부터 울린 종소리가 참 좋다.

별의 속삭임

직장 단체 카카오톡 방에 빨간불이 들어온다. 평소 가장 빠르게 확인하는 방이다. 이곳은 응급상황이나 특별한 공지 사항만 올라오기 때문이다. 이번 공지는 '독감 예방 접종 후 주의 사항'이다.

'어? 올해는 독감 접종 대상자로 선정되지 않았나? 관련 공문을 못 받았는데.' 순간 '내가 대상자가 아닌가 보다.'라는 생각이 스친다. 머릿속이 어지러워진다. 평소에는 별생각 없이 지나쳤을 일이지만 이번만큼은 상황이 다르게 느껴진다. 입사 동기이자 같은 연배인 동료에게 메신저로 묻는다. 그는 이미 접종을 마쳤다고 한다.

'그럼, 나는?'

박탈감이 밀려왔다. 한 가닥 희망을 품고 행정실에 전화를 건다.

"작년엔 독감 예방접종 대상자로 선정됐는데, 혹시 제가 이번에 누락된 건가요?"

"상담사님도 대상자일 텐데요. 잠시만 기다려 보세요, 제가 확인해 볼게요."

잠시 뒤 메신저로 답이 온다.

"상담사님은 제외되는 게 맞대요."

'제외?' 머릿속이 복잡해진다. 단순히 제외되었다는 결과가 아니라 그 배경을 짐작하고 싶었다. '기준이 뭘까? 같은 기간제인데 누구는 되고 누구는 안 되고.' 여러 기준을 떠올려 본다.

'3년 전 입사 동기는 본 기관 출신이라서? 더 많은 사람을 대면하는 업무라서? 아니면 지사장과 자주 점심을 먹어서?'

하지만 어떤 추측도 확실한 답이 되지 않는다. 명확한 기준 없이 소외감을 느낀다는 건 생각보다 묵직하다.

작년, 나는 지사장과 각 팀장들과 점심을 함께하며 소통의 시간을 가졌다. 그러나 아들이 혼자 점심을 먹고 있다는 생각이 목에 가시처럼 걸렸다. 비용 부담도 있어 올해부터는 집에서 아들과 점심을 같이 먹기로 했다. 효율을 선택한 결과다. 이 선택이 지사장과의 소통 부족으로 이어졌고 대상자 선정에도 영향을 미쳤으리라 생각이 든다.

'그렇다면 내가 선택한 결과일 뿐이야.'

마음이 오히려 편안해진다. 사전 설명도 없고 기준도 제시되지 않은 채 조용히 대상자만 알려주는 관리팀의 무의식적인 처리 방식도 충분히 그럴 수 있다고 생각한다.

소외된 상황을 받아들이고 대처하는 일은 결국 나의 몫이다.

나는 아들의 고립감을 줄이기 위해 행동했고, 직장동료들과 누릴 친밀감은 뒤로 미룬 결과다. 나의 결정은 하나의 삶의 지표가 되었고 그 지표가 다시 나를 이끌어가는 원동력이 되었다. 직장생활의 질도 중요하지만 내 안의 가치를 따르는 일이 더 우선이다.

그 가치는 우선순위를 요구했고 그에 따라 불가피한 제외가 따라오리라는 것을 안다. 하지만 막상 그 상황에 닿으니 흔들리는 나 자신을 마주한다.

돌아보면, 아픈 아들의 은둔 생활이 조금 더 이해된다. 감정을 억누르며 선택을 강요당했던 환경에 놓여 있을 때 아들은 어떤 마음이었을까. 독감 무료 예방접종 대상자에서 제외된 작은 사건은 나를 박탈감과 기준의 문제로 이끈다. 그러나 그 감정 속에서 벗어나 자신을 돌아보게 된다.

'결국 내가 선택한 길이잖아.'

"그럴 수도 있지."

"별일 아니야."

"이럴 수도 있는 거야."

어느새 마음에 다가온 별이 속삭인다.

"괜찮아."

그 별의 빛은 생각보다 밝고 따스하다. 그리고 나를 또 다른 내일로 이끌 것이다.

우주에 쏘아 올린 기도

평범했던 하루가 저물고 있었다.

퇴근하여 집에 돌아와 PC를 켰다. 그런데 카카오톡 방 알림이 온통 빨갛게 물들어 있다. 하나둘 메시지를 읽어 내려가던 중, 오후 8시 14분에 새로운 알림이 떠오른다.

"오늘 잠시 후면 남편이 신장 이식을 받게 됩니다. 무사히 수술이 잘 끝나길 기도해 주세요."

학회 활동을 함께하는 분과위원 선생님이 남편의 위급한 상황을 알린 메시지였다. 그 내용을 읽는 순간 손가락 끝이 차가워지고 온몸이 얼어붙는 듯하다.

'얼마나 놀라고 무섭고 고통스러울까?' 그분의 마음이 전해지자, 가슴이 답답하게 조여 온다. 무엇 하나 할 수 있는 게 없다는 무력감이 덮쳐온다. 어떻게 위로해야 할지 막막하지만, 그분의 마음을 헤아리며 조심스럽게 짧은 문구를 보낸다.

"기도할게요. 선생님, 힘내세요."

하지만 그것만으로는 턱없이 부족하다는 느낌이 든다. 그 짧은 문구에 담긴 나의 진심이 얼마나 닿을 수 있을까? '이 정도밖에 할 수 없다니….'라는 생각이 무력감을 더욱 짙게 만든다.

소중한 아들의 건강 악화로 힘든 시간을 보내고 있는 나에게 이 소식이 마치 내 일처럼 다가온다. 결국 마음의 무게를 견디지 못한 채 침대에 몸을 눕힌다. 열어둔 베란다 문틈으로 들어온 바람이 시간이 흐르며 점점 차가운 기운으로 변한다. 나는 문을 닫을 힘조차 내지 못한 채 깊은 한숨 속에 잠들어 버린다.

오전 12시 11분. 잠결에 노트북 화면의 밝기가 눈에 스친다. 무음으로 설정된 카카오톡 방에 새로운 메시지가 떠 있다.

"수술 마치는 예상 시간이 다섯 시간 후인 오전 한 시입니다. 간절한 마음으로 무사히 끝나길 기다리고 있습니다."

새벽의 정적 속에서 그분의 메시지를 읽는다. 한 자 한 자에 담긴 간절함이 나의 심장을 조여 온다. '얼마나 긴장될까? 숨은 제대로 쉬고 있을까?'

그분의 모습을 상상하니 마음이 울컥한다. 한 알의 모래보다도 작아져 있을 것 같은 그녀의 간절함이 느껴진다. 다시 내가 가장 먼저 메시지를 확인했다는 사실이 신기하게 다가온다. 마치 이 시간 나에게 주어진 역할이 있는 것처럼. 나는 조심스럽게 답장을 보낸다.

"선생님, 함께합니다. 간절한 마음이 하늘에 닿고 있습니다. 제 손 꼭 잡으세요."

그 순간, 머릿속이 갑자기 환해지며 온몸이 굳은 듯한 느낌 속에서 긴 들숨과 날숨으로 눈에 보이지 않는 기를 붙잡는다. 창문 너머로 스며드는 새벽 공기가 유난히 맑게 느껴진다. 공간을 넘어 우주와 연결되는 영혼의 떨림이 온몸을 감싼다. 양 볼 위로 눈물이 주르륵 흘러내린다. 경직되었던 세포들이 하나둘 풀려나는 움직임 속에 나는 벌떡 일어난다. 가슴은 잔잔하게 뛰지만, 긴 호흡으로 차분함을 되찾는다.

모두 잠든 고요한 시간, 나는 우주와 연결되는 특별한 경험을 한다. 그분의 간절함이 이 순간 나의 기도와 하나가 되어 그녀의 남편에게 빛의 속도로 생명의 씨앗을 전달하는 의식을 치르는 기분이다. 수술실 밖에서 기다리는 그분의 모습이 우주의 파동을 타고 나에게 전해지는 듯하다.

두 번이나 단체 카카오톡 방의 메시지를 가장 먼저 확인한 것은 우연이 아니라 필연처럼 와 닿는다. 이 모든 연결은 간절함의 힘으로 가능한 것이다.

"하나님, 도와주세요."

그 한마디는 나의 모든 진심을 담아 우주로 보내는 기도이자, 그분을 향한 나의 간절한 응답이다.

아프지 마

새벽에, 정수기에서 물 받는 소리가 들린다. '아들이 물을 마시러 나왔구나.' 생각하며 나도 목이 말라 물을 부탁한다.

"엄마도 물 좀 줘."

아들은 빨간 장미가 그려진 컵에 미지근한 물을 받아다 준다. 나는 비몽사몽간에 물을 마시고 다시 잠에 든다. 그런데 아들은 잠자리에 들지 못하고 화장실을 들락거린다.

"아들, 왜? 어디 불편해?"

하지만 대답이 없다. 순간 가슴이 철렁 내려앉는다. 정신이 선명해지며 두 눈이 번쩍 떠진다. 나는 반사적으로 몸을 일으켜 복부 마사지기를 챙겨 들고 아들의 방으로 들어간다.

방 안에는 창가에서 들어오는 어슴푸레한 불빛이 퍼져 있다. 아들은 침대 모서리에 쪼그리고 앉아 얼굴을 잔뜩 찌푸리고 있다. 그 모습을 보는 순간 심장이 쿵쾅거린다. '어디가 이렇게 아픈 거지? 무슨 일이 생긴 건가?' 심장 소리가 아들에게 들릴세라 조용히 억누르며 무릎을 굽혀 앉는다.

"왜 그래? 어디 아파? 어디가 불편한데?" 나지막이 묻는다.

그때 아들이 짜증 섞인 말투로 빠르게 내뱉는다.

"어머니, 쳐다보지 마세요! 쳐다보면 더 아프고 짜증 나요. 그냥 나가요."

순간적으로 말문이 꽉 막힌다. 마치 망치로 한 대 얻어맞은 기분이다. 본능적으로 벌떡 일어났지만, 방향을 잃고 멍하게 서 있다. 머릿속이 하얘지고 심장은 빠르게 뛴다. 몸에서 뭔가 쫙 빠져나가는 듯 무력감이 온몸을 휘감는다. 그 짧은 순간에도 계속 맴도는 한마디. '쳐다보지 마세요.'

마음 깊은 곳에서 슬픔 대신 화가 슬며시 고개를 든다.

'괘씸한 놈, 네 걱정돼서 뛰어 들어갔더니 상황 설명도 없이 나가라고?'

나는 아들을 존중하기 위해 단 한마디도 못 한 채 거실로 나온다. 마치 아무것도 할 수 없는 지진 현장에 있는 것 같다. 고개를 숙이자 두 눈 밑으로 굳은 입술이 희미하게 보인다. 침대에 걸터앉아 잠시 눈을 감는다.

'얼마나 아프면 저렇게 매정하게 말할까.'

아들을 공감하면서도 한편으론 나를 뒤 흔들고 있는 복잡한 감정에 통제당하고 있는 자신이 한심하게 느껴진다. 그때 내 입에서 무심코 툭 튀어나온 말,

"뭔 소리야!"

결심한 듯 다시 아들 방으로 들어간다.

“어디가 어떻게 아픈데? 말을 해야 알지! 응급실에 갈까?”

그러자 아들이 말한다.

“오줌이 마려운데 안 나와요.”

그 말을 듣는 순간 안도감이 밀려온다. 방금 전 내 안에서 회오리처럼 일어났던 복잡한 감정들이 무색해진다. 가슴속에서 웅크리고 있던 걱정이 천천히 풀어진다.

‘휴, 다행이다.’ 몸이 풀리며 눈가가 축축해지는 느낌이 온다.

선잠을 자고 아침이 되어 출근한 뒤 아들에게 전화를 걸어보니 동네 병원에서 장염 진단을 받고 약을 처방받았다고 한다. 흔히 있을법한 일이지만, 나는 예상보다 과도하게 놀라고 당황해하는 반응을 보인 것이다. 크고 작은 상실의 기억과 감정이 여전히 내 마음과 몸속에 깊이 새겨져 있음을 깨닫는다.

그동안 겪었던 여러 사건이 떠오른다. 큰딸이 입원했다는 소식에 한밤중에 병원으로 달려갔던 일, 밤중에 작은딸이 숨쉬기 불편하다고 전화했을 때 전화를 끊지 않은 채 집까지 달려갔던 일, 아들이 삭발을 감행했던 순간들…. 이 모든 경험은 내게 잊을 수 없는 아픈 흔적을 남겼다.

자녀들의 건강 적신호는 나에게 감정의 지진과도 같았다. 이후 “아프다”는 말만 들어도 가슴이 철렁 내려앉고 심장이 두근댔다. 머리로는 자녀들의 성장 과정임을 이해하면서도 가슴은 그렇지 않았다. 마치 살을 도려내는 듯한 아픔이 밀려오고 순간 영혼까지 마비되는 듯했다.

삶의 과정에서 앞으로도 비슷한 일이 또 발생할 수 있다. 그런데 언제까지 '자라 보고 놀란 가슴, 솥뚜껑 보고 놀란다.'라는 말처럼 반응하며 살 것인가? 엄마의 지나친 걱정이 오히려 아들에게 부담이 되어 짜증을 불러일으킨 것은 아닐까.

서운함과 충격에 휩싸였던 나를 돌아보며 쑥스러움을 미소로 덮어본다. 이제는 미해결된 내 안의 감정이 작동하는 순간을 알아차리고 이를 분별할 수 있는 안목과 내면의 힘을 길러야겠다고 다짐해 본다.

아들의 방문 앞에서 조용히 속삭이듯 말한다.

"아들아, 아프지 마…"

그 한마디에 내 간절한 바람과 기도가 스며 있다.

은퇴 후의 작은 즐거움

이혜숙

남편의 놀이터

맨발로 청춘

안개 속에서 찾은 이정표

프롤로그

청소년 상담사로 은퇴하고 여유로운 시간을 갖고 있다. 자연을 벗 삼아 일을 하는 남편의 모습을 보면 감사한 마음이 들고 건강을 위해 맨발 걷기를 하면서 부부의 사랑이 깊어지는 것을 느낀다. 안개 속을 걷다가 이정표를 찾은 순간처럼 방황하던 청년에게 희망을 갖고 살아가도록 상담했을 때를 생각하면 기쁘고 뿌듯한 마음이 든다.

그동안 바쁘게 살아왔는데 쉼이 있는 일상이 작은 즐거움을 가져다준다.

남편의 놀이터

남편이 정년퇴직한 지 9년이 되었다. 그는 사람들과 어울리기보다는 조용하게 혼자 있는 시간을 즐기는 편이다. 농부의 자식으로 태어나서 흙을 만지며 꽃 가꾸는 것을 좋아한다.

2022년부터 2년간 전원생활을 했다. 시골은 공기도 좋고 조용하지만, 생활에 불편한 점이 많아 다시 도시로 돌아왔다. 남편은 시골 생활을 재미있어했기에 아쉬움이 남는 듯 보였다. 고민 끝에 '세컨 하우스'에 깊은 관심을 가졌으나, 이런저런 사정에 의해 차선책을 선택한 것이 '주말농장'이었다. 집에서 차로 30분 거리인 예전에 살던 동네에서 200평 밭을 무상으로 사용할 수 있게 되었다. 남편은 밭이 생기자 무척 좋아했다.

남편은 2년의 농사 경험을 바탕으로 본격적으로 밭농사를 시작했다. '주말농장'이라고 하지만 이틀에 한 번 정도 나가 시간을 보내고 있다. 집에서는 유튜브로 농사짓는 방법을 공부하고, 여름에는 아침 6시에 나가 저녁 8시에 귀가하니 직장에 다니는 것 같다고 매우 좋아한다. 밭에 가는 날이면 낫과 호미를 챙기면서 콧노래를 부르며 들떠 있는 남편에게 말한다. "밭에 아기를 두고 온 엄마가 아기 보러 가는 것 같아요. 그렇게도 좋아요?"

같이 밭일을 해 보니 할 일이 많았다. 어느새 풀이 무성하게 자라서 풀도 매어야 하고 고춧잎도 아랫부분을 따줘야 했다. 고추가 넘어지지 않도록 끈으로 묶어주어야 하고 벌레가 생기지 않도록 약도 뿌려야 하며 거름도 주어야 하니 일이 끝이 없었다. 남편을 돕기 위해 고랑 만들고 씨앗 심는 일을 배우고 난생처음 잡초 뽑는 일까지 해 보았으나 결코 만만치 않기에 일을 제대로 못한다는 핀잔으로 돌아오기 일쑤였지만 이 또한 함께 일하면서 맛보는 즐거움으로 다가왔다.

밭일을 3시간 정도 하니 싫증도 나고 허리와 다리도 아파졌다. 그래서 언제쯤 일을 끝낼 거냐고 남편을 재촉한다. 그러고 나무 그늘에 앉아 뙤약볕에서 땀을 흘리며 일하고 있는 남편에게 소리친다.

"당신은 개미, 나는 베짱이!"

남편은 밭일을 하면 전화도 받지 않고 점심 식사도 거르고 일만 한다. 간식을 싸주어도 그냥 가져오는 경우가 많아 걱정스러워 여러 번 말해도 소용이 없었다. 일하다 보면 간식 생각도 안 난다는 것이다. 목이 마르면 오이를 따서 먹거나 시원한 물을 마시는 것이 최고라고 한다.

밭에 가면 남편은 여기저기 익어가는 열매를 보여주며 자랑을

늘어놓는다. 남편의 놀이터는 산 밑에 있어 시원한 바람이 불어오며, 옆에는 저수지가 있고 냇물이 흐른다. 뻐꾸기 소리가 구슬프게 들리고 황소개구리 소리도 들린다. 도심에서는 마음에 여유가 없으면 들리지 않았을 자연의 소리에 스며들며 나는 낭만과 여유를 덤으로 받아 마음이 풍요로워져 콧노래를 부른다.

올해는 고추, 토란, 호박, 딸기도 심었다. 해바라기 꽃과 봉숭아 꽃도 피었다. 식물이 새싹을 틔우고 잎이 자라고 꽃이 피고 열매가 맺는 것을 보면 그는 기분이 좋아진다고 한다.

남편은 심는 기쁨, 나는 주는 기쁨을 누린다.

"와! 종합선물 세트, 너무 행복해요. 오늘은 가지전에 내일은 가지무침, 고추도 적당히 맵고 오이는 아삭아삭, 후식으로 토마토까지 일용할 양식을 주셔서 감사합니다."

어제는 이웃에게 이런 문자도 받았다.

흙투성이인 온몸이 땀으로 범벅이 되어 늦은 저녁에 돌아와 "아이고, 허리야, 다리야!" 하면서 안마해달라고 하는 남편을 보면 속이 상하지만 놀이터에서 신나게 놀고 집에 들어온 개구쟁이 아들 같은 생각이 들어 웃음이 나온다.

저녁 식탁에는 밭에서 따온 호박으로 남편이 찌개를 끓이고, 양푼에 가지나물 비빔밥을 만들어 먹으면 칭찬이 저절로 나온다. "당신이 고생해서 수확한 거라 정말 맛이 있어요." 식사 후에는 둘이 TV 앞에 앉아 농작물이 자란 이야기를 하며 고구마 순 껍질을 벗긴다. 남편은 흐뭇한 미소를 지으며 평소보다 말이 많아진다.

“우리가 키운 채소로 음식을 만들어 먹으니, 이것이 행복이네.”

나도 맞장구를 친다.

“맞아요! 행복이 별것 있나. 이렇게 사는 것이 행복이지.”

남편에게 놀이터가 시간을 보내는 큰 즐거움을 주고 있어서 계속 응원하려고 한다. 걱정스러운 것은 건강은 생각하지 않고 지나치게 밭일을 한다는 것이다. 오늘도 놀이터이자 일터로 향하는 남편의 뒷모습을 바라보며 행복은 작은 것에서 품게 된다는 것을 생각한다.

맨발로 청춘

요즈음 백세시대에 건강을 지키는 방법으로 맨발 걷기 열풍이 불고 있다. 누구나 건강하게 사는 노년이 목표일 것이다. 맨발 걷기를 하고 있는 분들이 유튜브 영상을 공유하기도 한다. 어떤 분은 몇 개월을 하니 혈압이 내려갔다고 한다. 모임에 가면 맨발 걷기 이야기가 빠지지 않고 등장한다.

나는 해 보지도 않았으면서 대화 중에 자연스럽게 맨발 걷기가 좋다고 말하기도 했다. 직장동료가 군대에서 발병한 무좀으로 평생을 고생하고 수십 가지 약을 사용해도 소용이 없다고 고충을 말할 때면 맨발 걷기를 한번 해 보라고 추천했다.

전원생활을 하면서 남편과 차를 타고 담양 관방천과 용전 다리 밑에 있는 야구장에서 맨발 걷기를 했다. 집 주변에서는 마땅한 곳을 발견하지 못했다. 요즘은 농로도 아스팔트로 포장이 되어 있어 옛날의 흙길이 그리워진다.

3주 전, 디지털 활용 교육을 받으러 S대학교에 갔을 때 건물 바로 옆으로 최근에 만들어진 맨발 걷기 길을 찾았다. 15분 거리의 짧은 구간으로 50년 된 메타세쿼이아 나무가 그늘을 만들어

주고 있었다. 교육 시간보다 일찍 도착해서 한두 시간 맨발로 걸었다. 물이 흥건한 곳에서 첨벙첨벙 발을 적시기도 하고, 종아리에 황토 팩을 하니 매끈매끈해졌다. 발가락 사이에 흙이 들어가 간지럽기도 했다. 진흙탕에서 신나게 놀고 나니 어린 시절 마당에서 흙을 가지고 놀고 있으면 엄마가 달려와 손이 더러워진다고 못 하게 해서 속상했던 마음을 보상받는 기분이 들었다.

지난 토요일에는 서구청에서 "함께 서구, 맨발로 서구"라는 현수막을 걸고 제1회 도심 맨발 축제를 갔다. 숲속 길에 마사토를 깔아놓은 맨발 걷기 코스가 조성되어 있었다. 서구청장도 참여했고, 맨발 걷기 회장의 강의도 있었다. 맨발 걷기 체조를 하는데 "돈 있으면 무얼 하나, 건강이 최고! 너도나도 건강 세상 만들어 보세! 원더풀, 원더풀, 맨발의 청춘."하고 흘러나오는 노랫말에 웃음이 저절로 나왔다. 맨발 축제에 참여한 사람들마다 건강을 챙기려는 생각이 하나가 되어 모두 표정에 웃음이 가득했고 건강미 넘치는 모습이 보기 좋았다.

시원한 바람과 함께 맨발로 걷고 있으면 잡념이 사라지고 기분이 상쾌해진다. 전에 없던 꿀잠도 잘 수 있게 된다. 바쁜 일상에 시간은 속절없이 흘러 내 나이가 벌써 국가에서 인정하는 노인이 되어 버렸다. 이젠 건강을 최우선으로 챙겨야 할 상징적인 나이를 의미할 테니 '제2의 청춘'을 꿈꾸며 내 튼튼한 맨발로 오늘도 뚜벅뚜벅 걸어가련다.

안개 속에서 찾은 이정표

청소년 상담사를 은퇴한 후 시골로 이사 온 지 얼마 되지 않은 어느 날, 남편과 이른 아침에 들판을 걸었다. 담양 수북에서 영산강 쪽으로 3시간을 걷고 집으로 돌아오는데 안개가 자욱하여 앞을 볼 수 없었다. 집이 있는 삼인산 방향으로 걸었지만 길이 낯설고 집이 보이지 않자 덜컥 겁이 났다. 몸은 지치고, 다리가 아파서 더 이상 걸을 수 없는 지경이 되었다. 어찌해야 하나 난감하던 때에 안개 속에서 희미하게 이정표가 보였다. 반갑고 다행이라는 생각이 들었다.

그때의 일을 회상하면 상담을 하면서 만났던 한 청년이 생각난다. 첫 대면에서 K는 군대에서 제대한 지 6개월이 되었다고 했다. 잘 생기고 훤칠한 키에 육중한 체구였다. 군 복무할 때보다 몸무게가 30kg 늘었다고 했다. 머리는 귀밑까지 길어 있었고 세수도 하지 않은 모습이었다. 전문기술 대학교에 한 학기를 다녔지만, 적성에 맞지 않아서 휴학한 상태였다.

그의 아버지는 초등학교를 졸업하고 평생을 노상에서 구두 닦는 일을 하며 한 푼 두 푼 절약하여 허름한 주택을 구입했다. 아버지는 폐암 수술 후 회복 중에 있었고, 어머니는 조울증으로 자주 입원을 했으며 폐지를 모아서 팔아 생계를 유지했다. 그의 형은 자폐 스펙트럼 장애가 있는 데다 결핵을 앓고 있어서 뼈만 앙상하게 남은 모습으로 누워 있었다.

집 안 여기저기에는 검은 비닐봉지와 옷가지들이 굴러다녔고, 형광등이 고장이 나서 어두컴컴하였다. 그의 아버지가 담배를 많이 피워 천장이 누렇게 변해있었고, 퀴퀴한 냄새가 코를 찔렀다. 나는 그의 가족과 함께 불필요한 물건을 버리고 청소를 했다. 행정복지센터를 방문하여 그 가정의 어려움을 알렸더니 사회복지사가 구청에 연계하여 집수리(보일러, 도배, 창문 교체)를 도와주었다. 그의 형은 시설로 입소하도록 도왔다.

K는 무기력과 우울증, 대인관계의 어려움으로 밖에 전혀 나가지 않고 온종일 방에서 컴퓨터만 하고 있었다. K가 휴학했던 학교에 연락했지만, 휴학 기간이 길어서 복학이 어렵다고 했다. 그래서 관심 있는 유통 분야의 공부를 하도록 서점에서 책을 구입하여 주었다.

K의 사회적응을 위해 부모님과 의논하여 휴대폰을 구입해 연락을 끊고 지냈던 친구들과 소통하도록 했다. 고용지원센터에 방문해 취업 정보를 찾도록 안내하고 운전을 배우게 했다. 자전거를 사 주었지만, 일 년 동안 몇 번 타지 않아 녹이 슬어 있었다.

한편 그의 비만 관리를 위해 "국민건강 증진센터"에서 3개월 동안 새벽마다 함께 운동을 했다.

건축 일을 하시는 분과 집을 방문하여 건축 현장에서 일을 하도록 여러 차례 설득하였다. 첫 월급을 받았을 때, 부모님께 내복과 고기도 사다 드리라고 어린아이처럼 하나하나 가르쳤다. 하지만 3개월 후에는 동료관계의 어려움으로 일을 그만두었다. 그 후에 제과점을 운영하는 분에게 부탁드려 그곳에서 일하게 되었지만 한 달을 채 버티지 못하고 나왔다. 직장생활이 힘들면 스트레스 안 받는 안전지대인 자신의 방으로 숨어버리곤 하였다.

그는 열악한 가정환경에서 미래에 대한 희망도 없이 살아가고 있었다. 나는 그의 손을 놓을 수가 없었다. 상담을 하면서 자신의 현재 상태를 볼 수 있도록 도와주었고, 대인관계의 방법을 알려주었다.

10년이 지난 지금 K는 몸도 마음도 건강해져 물류센터에서 오토바이를 타고 배딜 일을 열심히 하고 있다. 간혹 그가 일하는 가게 옆을 지나가다 오토바이를 타고 물건을 배달하고 오는 그를 만난다. 무더운 여름이면 길에서 둘이 쪼그리고 앉아 아이스크림을 먹으며 이야기를 한다. 가끔 일이 힘들다고 투정도 하지만 친구가 다른 직장으로 옮기라고 하는 유혹에도 참으며 열심히 일하고 있는 것을 보면 안심이 된다.

그는 월급을 한 푼도 쓰지 않고 꼬박꼬박 모아서 꽤 많은 액

수의 돈도 저축해 두었다고 한다. 올해 봄에는 암으로 투병 생활을 하던 아버지가 돌아가셨다. 가족이 살고 있는 집이 재개발되어서 한 달 후에는 새로 구입한 아파트로 이사를 간다며 이제는 좋은 배우자를 만나서 결혼도 하고 싶다고 한다.

나도 청소년 시절에 가정환경의 어려움으로 인해 힘들었던 때가 있었다. 그때 힘이 되어준 누군가가 있었다면 얼마나 좋았을까 하는 생각이 든다. 내가 안개 속에서 헤매다가 집으로 가는 이정표를 만나 길을 찾은 것처럼 K도 삶의 안개 속에서 이정표를 발견했으면 좋겠다.

오늘도 앞날을 향해 씩씩하게 나아가고 있을 K에게 행복한 미래가 약속처럼 다가오기를 소망하며 힘찬 응원을 보낸다.

별이 되신 어머니의 흔적을 찾는 시간

황연수

어머니를 애도하는 방법

휴일 이른 아침 빗질 소리

실이 칭칭 감긴 반지

프롤로그

몸살이 제대로 왔다. 온몸 구석구석 아프지 않은 곳이 없다.
두 발을 딛기도 어렵고 무릎이 쑤시고 아프다. 통증을 이기기 위해
진통제를 먹었다. 약을 먹자, 통증은 사라진다. 약물에 약한 몸은
부작용으로 인해 혈압이 갑자기 떨어져 어지럽다. 약 복용을 중단하니
몸에 통증이 온전히 다시 느껴진다. 나에겐 약도 소용없나 보다.
누구에겐 괜찮은 것이 누구에게는 그렇지 않은 세상의 이치처럼.
나이가 한 살 한 살 더할수록 아픈 것에도 설움이 커진다.
지금의 내 나이 적 친정어머니는 아프다고 말씀하지 않으셨다.
오히려 젊은 몸을 가진 딸의 몸을 살펴주셨다.
지금 생각하니 어머니도 세월의 흔적으로 인하여 온몸 성한 곳이
없었겠지. 자식들 걱정할까, 하는 그 마음은 배려였고 큰 사랑이었다.
가족 카톡방에 아들이 문자를 남겼다. "오늘 날씨가 추우니
따습게 입고 나가세요." 자식의 그 말이 춥고 아팠던 몸을 녹인다.
말 한마디가 약이 된다.

어머니를 애도하는 방법

2017년 10월 28일 오전 9시가 되기 18분 전 사랑하는 어머니가 천국에 입성하셨다. 군에 입대한 아들과 고3 입시생 조카도, 그리고 일상을 바쁘게 보내고 있던 가족들이 한자리에 함께하게 되었다. 가장 가까이에서 성심껏 모셨던 형부가 제일 슬퍼 보였다.

어머니 숨이 가빠지셨고, 그 옆에 있던 모두가 번갈아 가며 손을 잡고 기도했다. 그 순간 숨을 거두셨다. 그렇게 떠나신 후 영안실에 안치되셨고 조화와 함께 많은 분 들이 찾아주셨다. 어머니가 출석하셨던 교회, 오빠와 언니가 다니시는 그리고 내가 다니는 교회의 목사님과 교인들도 생전에 모습을 기억하며 방문해 주셨다. 3일 장 장례를 치르고 모두 자기 일상의 자리로 돌아갔다. 모든 장례 의식을 마치고 법적인 문제와 유품을 정리하며 시간이 지나갔다.

나 또한 일터와 가정과 사회적 관계망으로 돌아왔다. 딱 한 가지 어머니가 즐기셨던 갈치를 먹지 못했다. 육식을 좋아하지 않으셨고 생선 중에 갈치는 잘 드셨다. 그래서 어머니와의 외식은 주로 일식집이나 생선 집으로 가게 되었다. 갈치를 드시면서 “갈치가 참 맛있네.”

하며 웃으시며 밥 한 그릇을 비우셨던 모습이 생생하다. 그때가 생각이 나서 장례 이후 한동안 갈치구이도 조림도 목이 메어 먹지 못했다.

그리고 바쁘게 시간을 보내며 지냈다. 어머니를 기억하지 못할 만큼 몸이 지칠 정도로 낮에는 바쁘게 일했고 밤에는 지쳐서 곧 잠이 들곤 했다.

연말이 지나가고 봄이 오고 5월 8일 어버이날이 다가왔다. 꽃집을 지나며 예쁜 카네이션을 보면서 마음 한구석이 저리며, 꽃을 드리지 못한 아쉬움이 밀려왔다. 어머니는 품위 있는 죽음을 위해 연명치료를 거부하셨다. 그 선택이 무엇보다 존엄하고 품위 있는 선택이라고 생각한다. 그러나 그때만큼은 나도 어머니께 카네이션을 달아 드렸으면 하는 생각으로 간절했다.

잠자리와 나비가 보였다. 어머니는 생전에 변변한 여행을 다니지 못하셨다. 비행기를 타고 여수에 가신 게 가장 멀리 여행하신 곳이다. 여행을 자주 못하셨던 어머니는 훨훨 날아다니는 나비를 보면서 부러워하셨다. 나비가 내 옆을 지나갔다. 어머니가 생각났다. 해가 지나갈수록 나이가 들수록 어머니는 더욱 선명하게 때론 가슴 사무치게 그립다. 입에는 올리지 않으려고 노력한다. 보고 싶어서 그리워서 눈물을 흘리지 않고 울고 있다.

우연한 기회에 시와 산문, 수필을 쓸 기회가 생겼다. 글쓰기로 모인 분들은 다양한 주제와 풍성한 일상생활을 글로 소개하고 있다. 올해 초 시작해서 어머니와의 추억을 글로 쓰고 있다. 어머니의 유품 중에 손가락이 가늘어져 실로 칭칭 감은 반지, 새벽 일찍 일어나시면 큰길까지 나가 청소하셨던 부지런한 삶과 검소하셨던 모습, 장롱과 서랍에 개봉하지 않은 주인 잃은 물건들과 유품에 관한 이야기들이다.

10여 개월 정도 글쓰기를 시작하면서 그동안 미뤄왔던 어머니를 애도하는 시간이 되었다. 글을 쓸 때는 몰랐는데 함께 하는 분들 앞에서 글을 읽으면서 육식보다 생선을 좋아하는 식성과 나이 들어가면서 모습까지 어머니를 닮아가고 있는 것을 알게 되었다. 남편은 나에게 아침 인사로 "장모님 안녕하세요?"라고 하며 나이 들수록 더욱 어머니를 닮아간다며 놀리듯 인사한다.

글쓰기에 참여하는 분들은 상실에 대해 직· 간접적인 경험이 있어 나의 짧고 투박하고 서툰 글을 보고 들으며 경험만큼 위로와 힘이 되어준다. 나도 그렇다고 상실 경험을 함께 나누는 시간엔 슬픔이 완화되고 애도가 되었다.

나도 분명 어머니처럼 이 세상에 존재하지 않는 날이 올 것이다. 나의 자녀는 엄마를 어떻게 기억할까? 눈물 흘리지 않았으면 한다. 기억 속에 '우리 엄마는 행복하게 잘 살다 가셨다.' 기억되었으면 한다. 죽음이 아픔과 슬픔으로만 느껴지지 않았으면 한다. 그래서 오늘도 행복하게 살려고 한다. 상실에 대한 애도와 치유로 글쓰기를 하게 된 것에 감사하다.

휴일 이른 아침 빗질 소리

주말 아침 해가 중천에 떠 있는 것을 확인하고야 늦게 몸을 일으켰다.

열대야로 밤새 집안의 모든 문을 다 열고 잤다.

안방 창문으로 빗질 소리가 들린다.

싹싹 싹 아악

나일론 빗자루 소리다.

결혼하기 전 살던 친정집은 빌라였다. 1층이었다.

1층은 지하실과 앞마당이 우리 집 소유로 등기가 되어있었다.

지하실은 살림할 수 있을 만큼 크고 널찍했으나 해가 들지 않았다.

베란다 앞쪽 작은 화단에는 대추나무, 각종 꽃나무, 김장독이 묻혀있었고 베란다 위에는 장이 담긴 항아리가 가득했다.

골목 안에 빌라 1층 주인들은 저마다 좁은 땅을 뽐내듯 가꾸어 그 집주인의 성향을 엿볼 수 있었다.

다행히도 수줍음 많고 말수가 적은 친정어머니와 동년배분들이 여러 집 계셨다.

아침부터 저녁까지 자는 시간 빼고는 한집에서 사는 듯 서로의 일상을 공유했다.

어머니는 아침형 인간이셨다. 새벽기도를 다녀오시면 집 앞은 물론 우리 남매들이 말리지 않았다면 큰길까지 빗자루질이 계속되었을 것이다.

나뭇잎이 떨어지는 가을과 눈이 내리는 한겨울에도 어머니는 빗질을 멈추지 않으셨다.

어머니의 아침은 적막을 깨는 빗질 소리로 평소 말씀이 적으신 것을 대신하셨는지 모르겠다.

15년째 사는 우리 아파트에서는 눈 오는 날이면 경비아저씨들만 눈을 치우신다.

입주 초기 1~2년은 몇몇 주민들이 각자 눈을 치울 도구를 들고 치운 적도 있었지만 지금은 낙엽이 쌓여도 눈이 쌓여도 아파트에 거주하는 주민들은 보이지 않는다.

어머니가 돌아가시고 마음의 허전함은 점점 커진다.

큰소리를 내신 적이 없어 해가 갈수록 음성이 잊혀지고 있어 안타까운 마음에 서럽다.

주말 아침 빗질 소리로 어머니의 얼굴과 어머니의 모습을 떠올린다.

실이 칭칭 감긴 반지

아들이 중동 더운 나라에서 일하고 받은 돈으로 작은 집을 샀다.

아들의 이마에 구슬땀을 닦아 내듯 쓸고 닦으셨다. 김칫국물까지 음식에 활용하며 생활비를 줄이셨다. 평소에 검소하신 성품에 옷 한 벌 엄두를 못 내시고 양말도 자식들의 늘어지고 때 지난 것을 신으셨다.

생신날 친척과 지인들이 선물한 내복과 머플러와 가방은 벽에 걸려 있거나 옷장 안에 그대로 잠을 잤다. 하물며 큰 마트 행사로 받은 텀블러와 그릇조차 상자 안에 그대로 장식장이나 장롱 위에 즐비하게 있었다.

어머니는 그렇게 아끼며 살던 집을 떠나셔야 하는 날이 왔다. 아들을 먼저 저세상으로 보내고 키우던 손주들도 초등학교 학령기가 되어 엄마인 올케에게 보내져야 했다.

얼마간 혼자 집을 지키며 지내셨다. 가까이 살던 큰 딸인 언니가 친정을 자주 방문하였는데 음식을 드셨던 흔적을 찾기 어렵다고 푸념했다. 그리고 무더운 여름에도 추운 겨울에도 에너지를 줄이는 것이 아니라 아예 소비한 흔적을 찾을 수 없다고 했다. 그렇게 어머니는 아들의 죽음과 손주들을 떠나보내시고 빠르게 늙어 가셨다.

어느 날 아침 일찍 일어나 화장실에 가시다가 자신 발에 걸려 넘어지셨고 수술받고 오랫동안 치료하셨다. 그리고 결국에는 그렇게 쓸고 닦았던 어머니의 집으로 돌아오지 못하셨다.

장례를 치르고 어머니의 유품을 정리게 되었다. 옷장에는 새 옷과 서랍에는 선물 받은 내복, 새 양말이 주인이 찾아주기를 기다리고 있었다. 장롱 위와 지하실 창고 등에서는 개봉하지도 못한 물건들이 언제 주인이 불러 주어 사용될지 모르고 오래도록 기다리고 있었다. 또한 신권으로 천 원, 오천 원, 만 원짜리가 뭉치 뭉치로 나왔다. 가제 손수건에 쌓인 금목걸이 반지 등도 있었다.

그중에 가장 눈에 띈 반지가 눈에 들어왔다. 병원에 들어가시기 전까지 끼셨던 반지였다. 반지를 들어 살펴보면서 눈물이 핑 돌았다. 반지에는 실이 칭칭 감겨 있었다. 직접 말씀을 듣지 않았지만 나이 들어 살이 빠지시면서 손가락이 가늘어져 분실할까, 하는 마음에 실을 감으신 것이라는 것을 짐작할 수 있었다. 눈물이 핑 돌았다. 어머니의 손을 잡아 드리지 못한 것과 건강을 살피지 못한 것에 죄송한 마음이 든다. 현금과 금붙이 사진 등을 제외하고 주인을 잃은 물건들은 재활용으로 분리되었다. 그렇게 주인을 잃은 물건들은 세상의 빛도 보지 못하고 쓰레기로 분리되었다. 그러나 실 감긴 반지는 유품으로 나에게 와 있다.

유품을 정리하면서 비워낸다는 것에 대해서 다시 생각해 보는 계기가 되었다. 사람도 물건도 내가 만든 인연을 어떻게 마무리해야 하는가를 깨닫고 덜어내고 더 덜어낼 것은 없는지 살펴본다. 덜어내니 가볍다. 그러나 실이 칭칭 감긴 반지는 비워내지 않고 있다. 어머니를 다시 뵐 때 반지를 보며 꼭 들려주고 싶은 말이 있다. “어머니, 죄송합니다. 그리고 사랑합니다.”

소소한 글

김미혜

첫눈을 맞이함

소황제

무의미한 싸움

프롤로그

고개를 들어 어둑해져 가는 하늘을 바라보며 마음을 들여다본다. 돌이켜 보면 아무것도 아닌 것에 전전긍긍하고 무언가를 성취하기 위해 욕심을 부린 것은 아닌지. 일에 치여 언제 고개를 들어 이토록 진심 어리게 하늘을 바라봤던지.

까마득하다.

최근 몇 년간은 할 일이 많았다. 특히 2024년은 할 일을 두고도 또 다른 일을 벌여 놓았다. 잘 해내기 위해 주변을 돌아볼 틈 없이 달리기를 반복했다. 어떤 이득을 가져다줬는지 알 길 없다. 하지만 이런 바쁜 나날들에 쉼표를 찍게 해 주는 것이 나에게 있어 글쓰기이다.

첫눈을 맞이함

올해 유난히 무더웠다. 1994년 최고의 더위보다도 더 더웠다고 기상청은 보도했다. 이 더위는 나의 건강과 안전에 위협이 될 정도였다. 더욱이 새로 이사 간 집에는 에어컨 미 설치로 죽을 것 같은 경험을 했다. 이상 기온으로 10월 말까지 반소매 셔츠를 입고 다녔다. 11월이 되어서야 겨우 얇은 가을옷을 꺼냈다.

그러고는 3주 만인 어제 첫눈이 온 것이다. 펑펑 내렸다. 40센티미터 이상의 폭설이었다. '첫눈인데 어찌 저리도 많이 내릴까.' 창밖 풍경을 한참 동안 바라봤다. 날씨가 예전보다 따뜻해서 빙판으로 변하지 않았지만 갑작스럽게 내려서일까. 뉴스를 통해 몇 건의 사고가 일어났음을 알 수 있었다.

집을 나서자 굵은 눈발의 휘날림은 한 치 앞의 시야를 가렸다. 게다가 바람도 세차게 불어 우산을 들고 있던 손을 두 손으로 강하게 움켜쥐었다. 한 발 한 발 내디디며 걷고 또 걸었다. 갈 길이 멀다. 30분 거리를 2배 가까운 시간이 걸려서야 도착했고 원하는 업무는 잘 매듭지었다. 이젠 집으로 무사히 돌아가기만 하면 된다. 거세던 눈발은 안정되는 듯 보였다.

'나온 김에 백화점 지하에 들러 필요한 물건이나 사서 가야겠다.'라는 생각이 들어 장을 봤다. 몇 가지 산 물건을 장바구니에 넣으니 제법 무거웠다. 다른 손에는 우산을 들고 있기에 적잖은 무게감을 한 팔로 버텨내며 걸었다.

문화예술회관 광장이다. 곧 집이다.

확 트인 광장에 들어서니 전체적으로 한 번도 밟지 않은 눈이 쌓여있고 몇몇 공무원들이 눈을 치우며 길을 내고 있다. 한 개의 우산으로 꼭 껴안고 가는 커플, 삼삼오오 무리를 지은 청소년, 강아지를 가슴에 안고 모자를 깊게 눌러쓴 여인, 지하철을 타기 위해 입구로 바삐 걸음을 옮기는 사람들도 보인다.

눈 오는 날의 이 풍경을 잠시 서서 감상하자는 생각이 든다. 고개를 들어 하늘을 보니 흩뿌려지는 눈발 사이로 온통 회색빛이다. 어디부터 땅이고 어디까지 하늘인지 분간할 수 없다. 잠시 우산을 접어 겨드랑이에 끼우고 회색빛 사이로 떨어지는 굵은 눈발을 얼굴로 맞이할 수 있게 한껏 고개를 빼 든다. 회색 하늘을 열어 바람에 실려 온 보잘것없어 보이는 작은 눈송이 하나가 내 뺨 위에 살포시 앉는다. 차가운 눈송이가 따뜻한 뺨에 닿자 녹아내린다. 어떤 말을 내게 하고 싶은 걸까. 내게 무엇을 알리고자 하는 걸까. 그새 조급한 마음마저 함께 녹아내리는 것을 느낄 수 있다. 금방이라도 눈송이가 내린 그곳으로 날아갈 수 있을 것이다.

얼마나 지났을까. 눈을 온몸과 마음으로 받아들이고 있을 때 눈을 치우는 듯 삽으로 바닥을 긁어대는 소리에 잠시 감았던 눈을 떴다. 다시 우산을 펴고 땅에 내려놓았던 장바구니를 들고는 가던 길을 재촉했다.

이미 공익요원 여러 명이 만들어 놓은 길로 조심스럽게 광장을 가로지르던 중 저쪽에 한 번도 눈을 밟지 않은 새하얀 공간이 눈에 띄었다. 그곳에 나의 발자국을 내고 싶었다. 망설이고 있다고 생각하는 순간 이미 내 몸은 눈밭으로 향하며 들어섰다.

처음에는 한 발씩 발자국을 조심스럽게 내고는 더 높이 다리를 들어 뛰듯이 크고 빠르게 몸을 휙 돌려가며 발자국을 찍어댔다. 그 순간 "아이코! 아야." 그대로 앞으로 미끄러져 넘어졌다. 우산은 저만치 날아가 나뒹굴고 장바구니는 손에 쥔 채 무릎은 땅에 꿇어져 있었다. 너무 아파서 비명을 지르는 순간 몇 분간이지만 나의 낭만적인 상상과 행복은 깨져버렸다.

주위 사람들이 쳐다보는 것은 그다지 신경에 쓰이지 않았다. 중요한 것은 내가 주인공인 한편의 단편영화가 날아가 버린 것이다. 행복감이 아쉬움으로 바뀌어 버린 감정과 절룩거리며 집으로 걸어오는 모습에 묘한 씁쓸함을 느껴졌다.

소황제

한국의 1950년대는 한 가구당 평균 5~6명의 자녀가 있었다. 70년대 가족계획 정책 수행 이후 80년대 중반에는 평균 2명에 이르렀다. 중국은 90% 이상을 차지하는 가구당 한 자녀 낳기 운동을 시행한 후 중국의 저출산 문제가 매우 심각해졌다. 한 자녀 낳기 정책 때문은 아니지만 우리 역시 세계에서도 보기 드문 저, 출산 국가가 되었다.

가정에서 자녀의 수가 줄어들면서 부모의 사랑과 관심은 점점 더 집중되었다. 아이 하나가 가정의 전부가 되었고, 자녀의 행복이 곧 부모의 행복이라는 말이 자연스럽게 자리 잡았다. 이 과도한 애정과 기대는 아이들에게 어떤 영향을 미칠까?

저출산에 대한 문제가 사회적으로 심각한 문제점이 있지만 나는 이 부분을 언급하고 싶다.

2000년대 초반, 중국에서 지낼 당시 한 자녀에 대한 '소황제' '태양계'라는 신조어가 만들어져 유행처럼 번졌다. 이를 풍자한 '소 태양과 위성'이라는 한 컷으로 된 만화를 보면 잘 차려입은 아이가 세상에 자기밖에 없는 듯 과시하며 중심에 서 있고 그 주위에 아버지, 어머니, 할아버지, 할머니, 외할아버지, 외할머니가 위성처럼 그를 에워싸고 있다. 그들은 마치 황제를 시중드는 환관 같은 모습으로 묘사되어 있다. 당시의 중국 사회를 통찰력 있게 보여주는 삽화였다.

요즘은 더욱 심각해져서 고모, 이모, 삼촌 등이 미혼이거나 비혼인 경우도 많아 친가, 외가 전체에 달랑 아이 하나인 경우도 종종 보인다.

그러다 보니 과잉 배려와 과도한 사랑에서 양육되어 작은 일도 스스로 할 수 없는 아이가 되어 의존적이고 절제력 또한 어려운 자기중심적인 사람으로 성장해 나가고 있다. 실패와 좌절에 무방비 상태로 작은 일도 스스로 할 수 없는 아이가 학교라는 사회에 귀속되면서 교우관계에 불안감을 호소한다. 이 불안감은 정서, 사회 발달에 깊은 그림자를 드리운다. 기본적인 상호작용의 어려움으로 인해 펼쳐지는 기이한 상황도 자주 보인다.

과도한 '애영(愛怜)'은 아이의 품성을 나쁘게 만들고 과도한 '보호(保護)'는 창조성 발휘를 어렵게 하고 자유로운 정신을 억압하며 과도한 관심(關心)'은 개성을 마멸시킨다.

그러므로 아이에게 관심을 가지되 적절함과 사회적으로 수용 가능한 범위의 허락으로 관습적 도덕 행위와 규범 양성에 의한 사회에 적응할 수 있는 능력을 배양시키고 개성을 발전시키며 좋은 인격과 품성의 발달을 도모해야 한다.

젊은 세대들의 독립심은 결코 하늘에서 저절로 떨어진 것이 아니며 어린 시절부터 가정과 학교에서 배워 몸으로 체득하게 되는 것이다. 어른들이 우선 자기 아이들에 대해 지나치게 귀여워하고 과한 사랑으로 사소한 것을 보호해 주려는 태도를 버려야 한다. 아이로 하여금 단련할 수 있는 일들을 스스로 할 수 있도록 돕고 바른 언행을 하도록 지켜보며 또한 재산상속과 사회 지위 계승에 대한 환상을 심어 주지 말아야 한다. 독립심을 키워주지 않는 환경에서 자란 아이들은 반드시 문제가 생기게 된다.

가족 상담을 하다 보면 이렇게 자란 아이의 문제점으로 당사자뿐 아니라 가족 모두의 안정과 행복 추구를 위협하고 급기야 가정 해체 위기에 직면하는 경우가 상당히 많이 있다.

문제점을 가지고 있는 아이를 방치하면 성인이 되어서도 그대로 남아있거나 더 큰 문제를 초래하게 되어 복합적 문제를 일으킨다. 그리하여 가정과 사회에 그리고 자신에게도 악영향을 미치게 된다. 악순환이 반복되는 것이다.

사회문제도 문제이지만 백지장 같은 하얀. 그래서 어떠한 그림도 색도 마음껏 칠할 수 있는 그들에게 어른의 생각으로 얼룩지게 할 수 없는 것이다.

그 누구도 어떠한 이유로도. 그들은 스펀지와 같아서 무엇이든

빨아들인다. 어른들의 상상을 주입시키거나 자연스러운 아동 발달에 제동을 걸어서는 안 된다.

'소황제'는 비단 중국만의 문제는 아니다. 전 세계의 나라에서도 이런 일은 비일비재하다. 어떤 일이든 적당한 것이 가장 좋은 것이고 적당하게 실천하여 실현될 때 아이는 온전한 자신으로 성장할 수 있는 것이다. 적당의 경계가 모호하고 주관적이어서 제각기 다른 목소리를 내는 것이라 할지라도 실패를 통해 스스로 배울 수 있도록 해야 한다.

적당함의 미학을 이해하고 실천하기는 어렵다. 그러나 한 가지는 확실하다.

아이의 작은 언행을 객관적으로 도덕적, 윤리적 양심에 따라 바라보면 해답은 보이지 않을까?

무의미한 싸움

올여름은 여느 해와는 달리 무척이나 더웠다. 더위가 지속된 10월 말인 지금도 긴팔 셔츠를 꺼내 입지 못하고 있다. 여느 해에는 에어컨을 여름 동안 3주 안팎으로만 가동했었더랬다. 얼마 전 이사를 하여 올해는 에어컨 설치를 하지 못했다. 주 5일 근무에 밤늦게 퇴근하기도 하여 에어컨도 그다지 틀 일이 없을 것으로 생각했다. 열대야로 잠 못 드는 날은 차가운 물 샤워로 더위를 달래며 잠에 들었다. 그리고 더운 여름을 이겨내는 것도 건강해지는 한 방법이라 여겨 큰 부채와 선풍기로 버텼다.

거실 온도계는 23도를 가르키고 있다. 한껏 열어젖힌 앞뒤 큰 베란다 창문으로 바람이 솔솔 들어온다. 평온함을 느끼며 무더위로 좋아하는 독서를 하지 못한 아쉬움에 책 한 권을 꺼내 들었다.

그때 "야. 이 새끼가." "네가 먼저 나를 위협했잖아."

평온함은 깨져버렸다.

두 페이지쯤 읽었을까. 밖에서 날 선 목소리가 창밖을 울렸다. 내 집은 번화가 도로변 상가건물 3층이다. 늘 밖에서 소음이 들리기는 하지만 싸우는 소리는 흔하지 않다. 듣지 않으려고 할수록 귀에 거슬렸으나 한편으로는 궁금증을 자아내기도 하였다.

고성을 따라 베란다 쪽으로 몸을 향했다. 베란다 창문 바로 아래에서 자전거를 탄 한 무리의 가족과 택시 기사 사이에 언쟁이 벌어지고 있었다. 다섯 명이 자전거를 나란히 타고 도로를 달리던 중, 택시 기사가 울린 경적이 문제였다.

"도로가 이렇게 넓은데 비켜서 가면 될 것 아냐? 그런데 왜 경적을 크게 울려서 우리 아이들을 놀라게 해? 생명에 위협을 느꼈을 거야. 사과해. 그냥 못 넘어가겠어. 사과하라고."

"5명이 그렇게 넓게 도로를 차지하고 가면 어떻게 다른 차들이 지나가라는 말이냐? 도로 옆으로 최대한 붙어서 줄지어 가야 하는 거 아니야? 그러니 너희들이 잘 못 한 거지."

말다툼은 점점 격해져 가끔 욕이 섞인 반말과 삿대질, 분노에 찬 고성이 오가고 도로는 이들로 인해 다른 차들의 주행까지 방해하고 있었다.

그러던 중 택시 기사가 운전석에서 내려 고성을 지르는 남자에게 다가가는데 다리를 절고 있었다. 장애가 있어 보였다.

"지금 보니 병신이었구먼."

자전거 무리의 남자가 입에 담지 못할 폭언을 내뱉었다. 사람들의 시선이 남자를 향해 날카롭게 꽂혔다. 택시 기사는 격분하여 장애인 모독죄로 고소하겠다고 소리쳤다. 주위에 지켜보던 동네 주민 중 한 분이 중재해 보려고 말을 거들었지만, 그의 말은 싸움 속에 묻혀버렸다.

결국 자전거를 탄 남자는 경찰을 부르겠다면서 신고하였다.

112에 신고한 후 5분쯤 지났을까, 경찰관 2명이 탑승한 경찰차가 도착했다. 경찰관이 한 명씩 담당하여 중재에 나서니 고성은 조금 잦아들었다. 택시 기사가 장애인 모독죄로 고소 의사를 밝히니 자전거를 탄 남자는 당황한 듯했고 슬금슬금 뒤로 물러나더니 가족을 이끌고 가버렸다.

싸움은 끝났지만, 그 광경은 내 머릿속에 남아 하루 종일 생각하게 만든다.

과연 경찰을 부를 만한 상황이었을까? 그 아버지의 행동은 가족들에게 진정 모범이 되는 선택이었을까? 공공장소에서의 시민의식은 어디로 갔는가?

작은 사건이었지만 사건이 불러온 의미는 크다. 누가 옳고 그른지 따지기보다, 우리가 일상 속 갈등을 대하는 자세를 되돌아보게 만든다.

우리는 얼마나 성숙하게, 그리고 서로를 존중하며 살아가고 있는가. 싸움의 모습은 여전히 창문 너머의 시끄러운 모습으로 남아 메아리치고 있다.

이 사건에 대해 곰곰이 생각할수록 눈살을 찌푸리게 만든다.

마음 뜨락

권옥순

프롤로그

겪어봐야 그 소중함을 아는 것처럼 나의 삶 속에도 그런 것들이 많이 있다. 기도 제목처럼 평안히 하나님 품에 안기신 엄마, 성실했던 제자의 멋진 성장, 동요를 통한 동심 가꾸기 등을 마음 뜨락에 펼쳐 본다.

돈만 저축하는 것이 아니라, 글도 저축하라는 위원장님의 말에 깊은 감동을 받아 소소한 일상이지만 소중한 이야기들을 저축하니 또 다른 라온('즐거운'의 순우리말)의 세계가 활짝 열린다.

장한 어머니상

꿀 세 숟가락과 화분 한 숟가락을 드시고 기도로 하루를 시작하시는 엄마. 단순한 습관을 넘어 건강 유지의 비결이며 자식들에게 짐이 되지 않으려는 다짐이기도 하다. 엄마의 기도 제목 1순위는

"자식들 고생시키지 않고 천국 가게 해주세요."라고 늘 기도하셨는데 그 소망이 엄마의 삶 곳곳에 배어 있다.

엄마는 새벽마다 일찍 일어나 당신의 기도 제목뿐 아니라 나라와 교회, 자녀, 손주, 증손자들까지 이름을 하나하나 불러가며 매일 기도하신다. 그 기도가 언제나 우리의 삶을 보호막처럼 감싸준다.

내가 출근하고 혼자일 때도 시간을 낭비하지 않으신다. 넓은 거실을 열 바퀴 돌고, 운동기구에 앉아 발을 구르며 거실 밖 풍경을 즐기신다. 창밖으로는 야산이 보이고 산책로에는 어른들의 느린 발걸음, 젊은이들의 힘찬 발걸음, 아이들의 뛰노는 모습을 보며 생명의 활기를 느끼신다. 창밖 가로수 메타세쿼이아 꼭대기

에 커다란 까치둥지가 있다. 가끔 까치가 나타나면 엄마는 반가운 마음에 구르던 발을 멈추고 얼른 일어나 손짓을 하신다.

"까치야, 까치야, 이리 와."

엄마가 부르는 소리를 들은 듯 까치가 둥지에 앉으면 반갑게 손뼉을 치며 어린아이처럼 좋아하신다. 하루는 내가 퇴근하고 현관문을 여니 두런두런 이야기 소리가 들렸다. 손님이 왔나 했는데 까치랑 얘기하고 계신 것이다.

"저것 좀 봐. 까치가 날 보고 인사를 해. 얼른 와 봐."

까치가 가버릴까 봐 얼른 와서 보라고 나를 재촉하며 혼자서도 심심해하지 않는 고우신 엄마.

한참을 놀던 까치가 후루룩 날아가 버리면 못내 아쉬워하며 방으로 들어가 뜨개질을 하신다. 언니에게 예쁜 실을 많이 사 오라고 해서 한 코 한 코 수세미를 뜨신다. 곱게 뜬 수세미가 하나둘 완성되면 문갑 위에 색깔별로 주욱 늘어놓고 마치 부자라도 된 듯 흐뭇해하신다. 하루도 쉬지 않고 정성껏 뜬 수세미가 백오십 개 정도 되면 상자에 담아 고향 교회를 비롯해 작은 교회에서 전도할 때 쓰라고 택배로 보낸다. 믿음이 돈독한 엄마는 직접 전도하지 못하니 이렇게라도 하고 싶다며 뜨개질을 하셨다. 백세를 바라보지만 눈도 밝고, 귀도 어둡지 않으시기에 가능한 일이라 감사하다.

엄마는 매일 성경을 소리 내어 읽는데 언제 한글을 몰랐던가

싶을 정도로 실감 나게 읽으신다. 엄마의 성경책은 손에 침을 발라 책장을 넘겨서 퉁퉁 불어 두툼하고 많이 닳았다. 그뿐 아니라 중요한 부분에는 노랑·분홍 형광펜으로 주욱죽 줄을 그어 거의 모든 곳이 알록달록하다. 증손자가 오면 다윗, 솔로몬, 사무엘 등 성경에 나오는 이야기들을 옛날 얘기처럼 들려주신다. 나는 일 년에 한 번 읽기도 어려운 두꺼운 성경 책을 매년 두 번씩이나 읽으시는 엄마가 존경스럽다.

엄마는 영월에서도 한참 시골로 들어가는 가재골에서 4남 2녀 중 막내로 태어나셨다. 오빠들만 학교에 보내고 딸이라고 학교에 보내지 않았다고 한다. 학교가 가고 싶었지만 아버지가 너무 무서워서 말도 못 하셨다고 한다. 그것이 한이 되었으나 40대에 교회를 다니면서 더듬더듬 성경을 읽으며 한글을 조금씩 깨우치셨다. 덕분에 읽을 줄은 알지만 쓰지는 못하셨는데 98세에 용기를 내어 손녀딸이 가르쳐 주는 대로 한글 쓰기를 시작하셨다. 굵고 투박한 손가락으로 깍두기공책에 꾹꾹 눌러 가며 배움의 기쁨을 누리셨다.

아버지가 60세에 천국에 가신 뒤 홀로 다섯 남매를 바르게 길러 주신 엄마께 99세 생신 달, 백수연 감사 예배를 드리며 '장한 어머니상'을 만들어 드렸다. 상이라고는 처음 받아 본 엄마는 틈만 나면 꺼내어 읽고 또 읽으신다. 그동안의 노고를 다 보상받으신 듯,

“이제 죽어도 여한이 없다.”라고 말씀하시며 기뻐하신다. 오래 걷지는 못하지만 혼자 걷는 데는 문제가 없으시다. 약이라고는 혈압약만 드시며 지금까지 건강했던 비결은 첫째, 규칙적으로 매일 소리 내어 성경 읽기, 둘째, 소식(小食), 셋째, 운동이다. 치매도 없이 그리 곱게 생활하시더니 100세 되던 2월, 배가 아파 병원에 다녀온 뒤, 기도 제목처럼 집에서 천사 같은 모습으로 평안히 하나님 품에 안기셨다.

평생 자녀들을 위해 기도하고 희생하신 엄마! 그 헌신과 사랑은 시간이 흘러도 변치 않는 빛이 되어 우리의 삶을 비추고 있다. 성경에서 지혜를 찾고, 나누기를 좋아하며 사랑과 감사로 건강하게 백수(白壽)를 누리신 모습은 엄마의 장한 삶의 여정을 완성한 한편의 작품이다.

엄마, 사랑합니다!

청출어람青出於藍

방랑 시인 김삿갓의 풍류를 간직한 충절의 고장 영월 읍내에는 초등학교가 셋 있다. 1980년대 중반, 그중 가장 학급 수가 적은 초등학교에 근무할 때의 일이다. 학교별로 등위가 매겨지는 중학교 반 편성 배치 고사에서 우리 학교는 늘 하위권이었다. 6학년 담임을 맡은 나는 누가 시킨 것도 아닌데 성적을 올리기 위해 정규 수업이 끝난 후에도 보충 수업을 했다.

공부도 중요하지만 사람이 먼저 되어야 하기에, '지·덕·체'를 고루 갖춘 인성 교육에도 중점을 두고 지도함을 잊지 않았다. 3월 초, 시골 분교에서 K가 전학을 왔다. 부모님을 떠나 중·고등학교에 다니는 형들과 함께 자취생활을 했다. 키가 크고 야무져 보이지만 마음이 착한 '순둥이'였다. 전에 다니던 분교에서는 매일 축구하며 놀았는데 여기서는 공부를 많이 해서 공을 차지 못하는 것을 아쉬워했다. 그러나 하나를 가르치면 둘, 셋을 깨우치는 영특함과 성실하게 노력하는 모습이 남달랐다. 매월 치르는 월말고사가 있었는데 3월 첫 시험에서 2등을 해서 모두가 놀랐다. 점차 학교생활에 잘 적응하며 자기주도적 학습 능력이 길러져서 4

월부터는 계속 1등을 했다. 공부뿐만 아니라 친구들을 배려하며 예의 바르게 행동하였다. '바르고 성실하며 밝고 튼튼하게'란 급훈과 '최고가 아닌 최선을 다하자'며 인성 교육과 학습을 중시했던 나를 흐뭇하게 하였다.

조카와 친구인 K는 우리 집에 자주 와서 공부도 하고 놀기도 했는데 어린 나이에 부모님을 떠나 생활하는 것이 안타까워 잘 챙겨 주었다. 1년 동안 열심히 공부한 결과, 중학교 반 편성 배치고사에서 조카와 함께 둘 다 만점을 받았다. 덕분에 늘 하위권이었던 우리 학교는 1위를 해서 경사가 났고, 둘은 중학교 3년 동안 장학금을 받았다. 성실한 노력이 결실을 보게 된 것도 기뻤지만, 가정 형편이 넉넉하지 않은 집안의 부모님 고민이 덜어진 것도 감사했다.

K는 과학 고등학교를 거쳐 기계공학 석사 과정을 마친 뒤, 논문을 가지고 조카와 함께 설날에 세배한다고 찾아왔다. 오랜만에 멋지게 성장한 모습을 보니 대견하고 뿌듯했다. 성실히 노력한 제자는 박사학위를 마치고 대학에서 후학을 양성하고 있다. 그런데, 우연히도 나의 초등학교 친구가 총장인 대학에서 근무한다니 더 반가웠다. 총장 친구의 초대로 대학에 가는 날, 동양란과 떡을 배달시키고 들뜬 마음으로 출발했다. 서울의 G동은 내가 45년 전에 살던 곳인데 강산이 네 번이나 바뀌어 예전 모습은 찾아볼 수 없었다. 네비게이션을 따라 대학에 도착하니, 주차장에서 멋진

신사가 "선생님,"하며 달려왔다.

제자를 만나 뿌듯한 마음에 총장실로 가는 내내 구름 위를 걷는 것 같았다. 우리는 총장실에서 차를 마시고 사진도 찍으며 그 시절로 돌아가 추억의 페이지를 하나둘씩 넘겼다. 친구는 말했다.

"K교수님은 학생들에게 존경받는 이 시대가 꼭 필요로 하는 교육자입니다."라며 칭찬을 아끼지 않았다.

예나 지금이나 인성이 훌륭한 제자는 몸 둘 바를 몰라 하며 공을 내게로 돌렸다.

"제가 이 자리에 서게 된 것은 6학년 때 선생님과 중학교 때 선생님 덕분입니다. 정말 감사합니다."라고 제자는 말했다.

"자넨 언제나 '못해요.' '안 해요.' '싫어요.'가 없고 무조건 '예.' 였지. 그리고 항상 겸손하고 성실했는데 지금도 그 모습이 여전 하네."라고 내가 말했다.

이날의 대화는 감사와 따뜻한 정이 오가는 소중한 시간이었다.

몇 달 후, 정년퇴임을 앞둔 나를 축하하기 위해 50년 지기 친구와 제자가 학교에 찾아왔다. 그들의 방문은 큰 기쁨이었다. 지난 세월 속에 이어진 인연의 아름다움과 교사로서의 보람을 흠뻑 느꼈다. '청출어람(靑出於藍)'은 '푸른색이 쪽보다 더 푸르다'는 뜻으로, '스승에게 배운 제자가 자신을 가르쳤던 스승보다 학문이나 실력이 더 뛰어나다'는 의미이다. 교직 생활에서 그 같은 행복을 겸손하고 실력 있는 K 덕분에 흠씬 느낄 수 있어 감사했다.

섬집아기

'누가누가 잘하나'라는 텔레비전 프로그램이 있었다. 1954년 시작된 국내 최초의 어린이 음악 프로그램으로 동요 보급을 위해 추억의 명곡부터 교과서 수록곡, 최신 동요까지 다양한 곡을 소개하고 함께 부르는 프로그램이다. 이 프로그램 덕분에 아이들이 동요를 많이 부르게 되었고, 학교에서도 동요와 창작동요를 많이 가르쳤다. 그러나 요즘에는 트로트가 유행하면서 동요를 부르는 아이들이 많이 줄어들어 매우 안타까운 일이다.

내가 어릴 때 바닷가에 가 본 적은 없었지만 바다를 상상하며 '섬집아기'란 노래를 좋아해서 자주 불렀다. 조용하게 시작되는

> "엄마가 섬 그늘에 굴 따러 가면 아기가 혼자 남아 집을 보다가 바다가 불러 주는 자장 노래에 팔 베고 스르르르 잠이 듭니다."

서정적인 가락과 애틋한 노랫말이 좋았다. 초등학교 시절에 주로 불렀던 노래는 '반달', '오빠 생각', '흰 구름', '가을길', '가을맞이', '찔레꽃' 등이다. 중·고등학교 때는 성악 전공하신 음악 선

생님께서 가곡을 비롯해 좋은 노래들을 많이 가르쳐 주셨다. '동무생각', '비목', '목련화', '님이 오시는지', '사랑', '수선화', '선구자', '고향의 노래', '그네', '그 집 앞' 등 많은 가곡과 독일 민요인 소나무야(O Tannenbaum)를 원어로 축제 때 부르기도 했다.

초등학교 4학년 때 특별활동 시간이 있었다. 전 학년 학생들이 자기가 좋아하는 부서에 가서 활동을 하는데, 나는 그림 그리는 것을 좋아해서 미술부에 들어갔다. 그런데 하루는 머리가 벗어진 음악 선생님께서 미술실에 오시더니 갑자기 그림 그리던 나를 불러 강당으로 데려가셨다. 시골이지만 규모가 큰 우리 학교에는 강당에 피아노가 있었다. 선생님은 피아노를 치며 내게 노래를 부르라고 하셔서 떨리는 마음으로 노래를 불렀다. 노래가 끝나자마자

"넌 이제부터 미술부 하지 말고 합창부 해." 하셔서 그날부터 합창부로 가게 됐다. 어리둥절했지만 노래 부르는 것도 좋아했기에 합창부도 싫지는 않았다. 워낙 숫기가 없던 나는 부끄러워 얼굴은 홍당무가 되면서도 소풍 가면 제일 먼저 불려 나가 '물물이 골'이 쩌렁쩌렁 울리도록 노래를 부르곤 했다.

초등학교 시절에는 선생님께서 매년 가정환경을 조사한다고 TV나 냉장고 등 가전제품이 있는 사람은 손을 들라고 하셨다. 우리 집에는 그런 것이 없어서 손을 들지 못해 얼마나 창피했는지 모른다. 그러나 가난은 창피한 것이 아니라 단지 불편할 뿐이라는 것을 어른이 되어서야 알게 되었다. 그래서 교사가 된 후에

는 형편이 어려운 아이들에게 더 많은 신경을 썼다. 합창부 선생님이 나의 재능을 발견해 주신 것처럼.

노래는 가난도 이겨낼 수 있고, 불행을 행복으로 바꿀 수 있는 힘이 있다. '앞으로'라는 노래를 가르치며 푸른 꿈을 심어주었고, '노을'이라는 노래로 아름다운 자연에 대한 감성을 불어넣어 주었다. 어두웠던 아이들의 표정이 점점 밝아지고, 노래를 싫어하던 남자아이들도 잘 따라 불렀다. 나에게 선한 영향력을 주셨던 합창부 선생님을 떠올리며 틈틈이 동요를 많이 가르쳐서 지금도 제자들을 만나면 그 추억을 얘기하곤 한다.

중학교 때 이미자 노래를 잘 부르는 친구가 있었고 가요도 많이 불렀다. 하지만 나는 가요보다 가곡에 관심이 많았고 좋아했다. 악보를 보고 노래를 부르는 '시창'과 피아노 음을 듣고 오선지에 음표를 그려 넣는 '청음'에 능숙해 한때는 성악가가 되고 싶었지만, 개인 지도를 받을 수 있는 형편이 아니어서 포기했다. 그러나 평생 천직이었던 초등 교사는 내가 좋아하던 음악, 미술을 다 할 수 있어 감사했다. 지금은 목소리가 예전처럼 올라가지 않아서 플루트, 첼로, 오카리나, 칼림바를 배우며 노래보다는 악기 연주로 음악을 즐기고 있다.

정년퇴직을 한 후에도 기간제 교사로 학교에 나가 2학년 아이들에게 '안전'을 가르쳤다. 교과서에 동요가 실려 있지만 아이들은 그다지 관심을 보이지 않는다. TV에서 트로트 열풍이 불면서 어른들뿐만 아니라 아이들도 트로트와 아이돌 노래와 춤을 좋아한다. 트로트가 나쁜 음악은 아니지만 동심을 가꿔 주고 싶어서 매 수업 마다 한 곡씩 동요를 가르쳤다. 신나는 음악에 길들여진 아이들이기에 처음에는 반응이 없었지만, 조금씩 흥미를 느끼기 시작했다.

"선생님, 오늘은 어떤 노래 불러요?"라는 호기심 어린 눈동자를 보니 그래도 희망이 보인다.

'교육'은 단순히 지식만 전달하는 것이 아니라 '생각하는 방법을 가르치고, 즐겁게 함께하는 것'이라고 생각한다.

매주 한 곡씩 가르치는 동요를 통해 티 없이 맑고 깨끗한 아이들 마음이 아름다운 동심으로 가득 채워져서 아름답고 행복하게 살아가기를 바란다. 아이들은 동요로 아름다운 동심을, 어른들은 가곡으로 마음 뜨락에 서정과 사랑이 더해 가기를 바라며 '섬집아기'를 조용히 불러 본다.

마주愛인

권선란

그리움에 기대어

이스탄불 선물

남해 단비 사랑

프롤로그

세상을 지나는 동안 우리는 관계 속에 얽혀 살아간다. 가족은 매일 들이마시는 공기처럼 편해서, 이해하고 공감해야 하는 현실과 자꾸만 멀어진다. 가장 오랜 시간 희로애락의 추억을 서로 간직하기에 이와 관련된 이야기는 다양하고 다채롭다. 이 자리에 있기까지 견디고 버틸 수 있었던 힘을 준 것은 가족의 사랑이었다고 전하고 싶다.

그리움에 기대어

한국전쟁이 발발하자 아버지는 1·4후퇴 때 막냇삼촌과 피란길에 올랐다. 부모님께서 여동생을 데리고 곧 뒤따라 남으로 가시겠다고 하신 말씀을 뒤로 한 채, 동생 손을 부여잡고 집을 떠났다.

피란민이 부산과 거제도에 넘쳐나자, 아버지는 선택의 여지 없이 제주까지 밀려들어 가셨다. 그때, 아버지는 스물 갓 넘은 나이였다. 종전만 되면 고향으로 돌아가리란 희망을 품고 지냈던 아버지는 착한 비바리[1]와 백년가약을 맺으셨다. 낯선 타향에서 고달픈 삶을 이겨내던 중에 반려자를 찾은 것은 긴 외로움에서 벗어나는 전환점이 되었으리라.

아버지는 초창기의 해운 업체에서 경리 일을 하며 꽤 높은 연봉을 받으셨다.

"너희 아버지, 바지 주머니에 삐져나올 정도로 돈뭉치를 넣고 다니셨어."

---

1) 비바리 : 갯마을의 건강한 처녀를 일컫는 제주 사투리

어머니께서 하신 말씀으로 보아 우리 4남매를 키우기에 경제적으로 어려움이 없으셨던 듯하다.

나는 고향의 기억이 없다. 제주도에서 고작 서너 살 정도의 나이까지 살았던지라 오빠 언니가 전해주는 말이나 엄마의 이야기를 듣고 '아, 나의 어린 시절은 제주에서 지내었구나.'라고 짐작만 한다.

아버지는 반으로 그어진 휴전선이 곧 열릴 것이라는 기대를 가지셨다. 그러던 어느 날, 어머니의 만류에도 불구하고 홀연히 뭍으로 나가 버리셨다. 가장으로서 직장과 살 집을 알아본다는 말씀을 남기고.

그리던 고향이 가까운 서울로 가야 한다는 아버지의 일념은 우리 가족에게 외지에서의 삶을 시작하는 변곡점에 닿게 했다. 오빠가 중학교 일 학년 때 상경한 것으로 보아 제주살이는 15년 남짓이 되지 않았나 싶다.

제주도는 아버지의 기나긴 타향살이가 시작되었던 곳이기도 하고, 어머니의 고향이어서 그런지 구멍 숭숭 난 현무암 돌담 사이로 초록 밭 자리를 보기만 해도 마음 한구석이 아파진다.

부모님의 사랑을 온몸으로 받고 살아온 막냇삼촌은 형만을 의지하며 사셨다. 직장도 수시로 이직하였고 타향살이의 외로움을 술로 달래셨던 듯하다. 그러다 보니 안정된 가정을 꾸려나가지 못

하셨다. 내가 중학교 2학년이었던 어느 겨울날이었다. 삼촌이 심장마비로 갑작스럽게 돌아가셨다는 비보에 아버지가 할 말을 잃고 깜깜한 방에서 소리 없이 흐느끼셨다. 그때, 삼촌의 나이는 45세였다.

"울 밑에 선 봉선화야, 네 모양이 처량하다. 길고 긴 날 여름철에 아름답게 꽃 필 적에 어여쁘신 아가씨들 너를 반겨 놀았도다."

평소에 고향에 대한 이야기를 꺼내지도 않았던 아버지는 취기가 오르면 봉선화 노래를 부르며 눈시울을 붉히셨다. 명절이 돌아오면 할아버지와 할머니 차례를 지내셨지만, 생사를 모르기에 제사는 지낼 수 없었다. 어려서 부모님 곁을 떠나 정신적·정서적으로 안정을 찾지 못하고 일찍 세상을 등진 삼촌에 대한 생각도 아버지를 더욱 슬프고 아프게 했으리라.

과년한 나이에 시집을 가고 나서야 나는 아버지의 심정을 알게 되었다. 시아버지도 장남이신데 가족들끼리 서로 작은 일에 챙겨주며 다정스럽게 지내는 것을 보면서 친정아버지는 생이별한 가족들이 얼마나 보고프셨을지 마음이 저렸다. 어디선가 '봉선화' 노래가 흘러나오면 나는 두 눈이 촉촉해졌다.

전쟁 난리 통에 고향을 잃어버린 삼팔따라지2) 남편을 따라나서느라 어머니는 고향을 등지셨고, 아버지는 헤어진 부모·형제와 고향을 가슴속에 묻은 채 돌아가시기 전까지 그리움에 기대고 사셨다.

살아계실 적, 고향을 그리워하시던 아버지께 따스한 위로의 한 마디를 건네 드리지 못한 일이 못내 서운하고 아쉽다. 연탄불에 구운 고등어의 살을 발라 하얀 밥에 얹어 주시던 아버지의 따스한 손길이 그립다. 나이 들며 나도 점점 더 아버지에 대한 그리움에 기대어 산다. 그 그리움이 어쩌면 나를 지탱해 주는지도 모른다.

언젠가 하늘나라에서 아버지를 만나는 날, 외롭고 고단한 삶의 여정을 밟으신 아버지를 위로해 드리며 풍성한 꽃다발을 바치리라.

---

2) 삼팔따라지 : 삼팔선 이북에서 월남한 사람을 속되게 이르는 말. 아버지는 자신을 이리 칭하셨다.

이스탄불 선물

해마다 결혼기념일이 되면 남편은 여행을 가자는 제안을 한다. 매년 하는 말이기에 귀담아듣지 않았다. 맞벌이 부부라 바쁘고 힘들고 지쳐서 그런지 휴가 때만이라도 마냥 쉬고만 싶었다. 기념일이란 단어가 호사스러운 말인 양 그리 여기며 살아왔다. 돌이켜보니 직장생활과 육아로 묵묵히 긴 터널을 지나왔다. 그래서 이번만큼은 남편의 간절한 청을 받아들이기로 하였다.

"어디로 가고 싶어?"

남편의 질문에

"이스탄불!"

서슴없이 대답하였다.

세계사 시간에 배웠던 동서양 문명이 공존하는 도시, 마음 깊이 한구석에서 동경과 그리움이 자리 잡고 있던 이스탄불이었다. 많은 세월이 흘러갔지만, 튀르키예 나라는 어떤 문명과 문화가 어우러져 공존하는지, 그 역사 속의 후예들은 어찌 살고 있는지 들여다보고 싶었다.

무려 11시간을 넘기고 도착한 이스탄불 공항에서 처음으로 우리를 반긴 것은 '월성기'였다. 붉은 바탕에 초승달과 별이 새겨진 국기의 기원은 기원전 4세기 마케도니아군이 비잔티움의 성벽을 뚫고 침입하려 했을 때, 초승달의 빛으로 이를 발견해 나라를 구하면서 이슬람교를 상징하는 별이 추가되었다고 한다. 무엇보다도 한국전쟁 당시 튀르키예가 일만 오천 명을 파병해 준 형제 국가라는 점에서 이스탄불이 더 친숙하게 다가왔다.

미세먼지가 없는 하늘에는 뭉게구름이 생생하게 피어나 있었다. 무더운 날에 시원한 음료를 마시듯 상쾌한 공기를 깊게 들이마셨다. 무슬림 국가인 만큼 '히잡'을 쓴 여인네들을 공항에서도 자연스럽게 만날 수 있었다.

첫날 첫 여행지는 그리 오고 싶었던 성 소피아 성당이었다. 먼저 외형적으로 돔 형식의 성당 모습과 무슬림을 상징하는 뾰족한 첨탑이 함께 있는 것을 보고 '화해와 공생'이라는 종족 특성을 느낄 수 있었다. 6세기 비잔틴 건축의 대표작으로 기독교 교회와 이슬람 모스크로 번갈아 사용되었다는 사전 지식이 성당 안으로 들어간 순간 확인이 되었다. 내부는 동로마 제국 시대 그리스 정교의 본산지인 성당의 모자이크와 오스만 술탄 왕이 정복하여 이슬람교의 장식이 공존하는 박물관으로 남아있어 놀라웠다.

그 후, 5년의 세월이 흐른 뒤에 아야소피아는 박물관에서 모스크로 바뀌었다는 뉴스를 접했다. '수용과 공존'이라는 민족성을 다시 느끼게 되었다.

그리스의 유적을 서부 소아시아의 '에게해' 연안에 위치한 에페소에서 보게 되어, 또 다른 감흥에 빠졌다. 에페소는 기원전 9세기 고대 그리스의 아테네에 의해 건립된 식민도시라고 한다. 당시 에페소가 얼마나 풍요로운 항구도시였는지 항구 도로와 연결된 큰 아고라의 회랑(폭이 좁고 길이가 긴 통로)과 수많은 조각상, 노점이 있던 형태 및 대 연극장, 셀수스 도서관 등 건축물로 알 수 있었다.

아시아의 총독이었던 셀수스를 기념하는 도서관은 많은 부분이 무너졌음에도 불구하고 완벽하게 복원하였다. 튀르키예인들의 노력과 재능에 박수를 보냈다. 아직도 많은 유적지를 복원하고 있는 상황이었는데 다른 나라의 기술에 맡기지 않고 자력으로 해내겠다는 의지를 통해 그들의 자긍심을 나타내었다.

동화 속의 풍경이라 할 수밖에 없는 괴뢰메 골짜기에서 새벽 열기구를 타며 일출의 장관을 맛보았다. 이백여 개의 열기구가 순차적으로 떠오르는 모습은 영화 속 장면처럼 가슴 깊게 새겨졌다. 새하얀 눈이 덮인 듯한 목화의 성, 파묵칼레는 수많은 외국인들이 찾아와서 발을 담그고 휴양을 즐기는 그림 같은 경치를 펼쳐주었다.

실크로드의 종착지, 무려 사천 개의 상점이 늘어선 중동 최대의 시장 그랜드 바자르에서는 밀의 나라답게 먹음직스러운 갈색의 빵, 모자이크 전등, 실크로 짜내려 간 화려한 카펫을 눈요기하였다. 그야말로 시장은 민족적 향기가 감도는 토산물로 넘쳐났다. 시장이 끝나는 곳에서 반가운 한글 비석을 발견하였다. 그것은 실크로드의 시작점이 신라의 경주였음을 알리는 비석이었다. '신라인의 후예'라는 자랑스러움을 잠시 누렸다.

트로이의 목마부터 시작하여 로마의 신화와 전설이 얽혀 있는 옛 로마 유적지들, 베르사유 궁전을 모델로 지은 돌마바흐체 궁전의 세밀하고 진솔한 아름다움을 뒤로하며 아시아와 유럽을 가르는 보스포러스 해협에서 맛보는 커피는 색다른 풍미를 안겨주었다. 이곳이 아시아와 유럽 두 대륙을 나누는 경계라니, 화려한 야경까지 즐기며 우리 부부는 이스탄불에 마냥 취해 있었다.

돌아오는 기내에서 "이스탄불을 선물로 주어서 고마워요."라는 말을 남편에게 건네었다. 결혼 30주년을 '진주혼식'이라고 명칭하고 진주 반지를 선물한다고 한다. 여생을 순백의 진주처럼 부드럽게 감싸면서 살라는 의미일까. 남편은 진주 반지 대신, 푸른 터키석 반지를 손가락에 끼워주었다. 푸른 터키석같이 남편과 여생을 푸르게 살아가야겠다는 생각을 했다.

오랫동안 기다리던 이스탄불 여행은, 사는 내내 불평과 고통이 남편으로 인한 것이었다고 나를 누르고 있었던 감정을 내려놓는 계기가 되었다. 그가 이제 귀인으로 다가왔다. 함께 사진 찍는 것을 귀찮아하며 "사진은 안 찍어도 돼요. 아름다운 장면은 가슴으로 담는 거예요."라고 말하는 그 무뚝뚝함까지도 감싸 안을 수 있게 되었다. 신혼여행 이후 모처럼 두 손을 꼭 잡고 즐긴 여행이었다.

30주년 결혼기념일에 남편이 내게 준 선물은 사춘기 시절부터 그리 동경해 왔던 도시, 이스탄불이었다.

남해 단비 사랑

나의 사랑스러운 며느리 '단비'가 태어나고 자란 남해! 산 깊고 물 좋은 곳을 여기저기 다녀보았지만, 경상남도 끝자락에 위치한 남해는 가 보지 못한 섬이었다. 그런데 푸르른 다도해가 펼쳐진 그곳에 아들 결혼식 전 양가 상견례, 사돈 어르신 칠순 잔치로 5년 사이 무려 여섯 번을 다녀왔다. 가면 갈수록, 보면 볼수록 아담한 산과 푸른 바다가 펼쳐진 남해는 이제 내 고향 제주처럼 포근하고 특별한 곳이다. 단비 부모님이 그 섬에 계시기에 새록새록 정이 들어 고향처럼 느껴진다.

단비는 부모님이 결혼 10여 년 만에 얻은 귀한 외동딸이다. 얼마나 기다렸던 자식이었는지, 가뭄 끝에 내리는 '단비'라는 뜻의 이름만 들어도 금방 알 수 있다.

단비의 부모님은 남해 원주민으로 고향을 떠나지 않고 살고 계시다. 삼십여 년 전부터는 농사보다는 종묘 사업을 해 보는 것이 더 낫겠다는 생각에 이 일을 시작하셨다. 남해 특산물인 시금치

종자, 마늘 모종 등 종묘사를 통하지 않고서는 농가의 일 년 농사가 어려울 정도로 마을에서 큰 역할을 하고 계시다. 그런데 코로나가 창궐하던 시기에 단비 아버지의 폐암 초기 진단이 우리 가족에게 어두운 그림자를 드리우고 말았다.

폐암 치료를 위해 입원해 계실 때에도 오로지 가게를 찾아오실 단골손님 걱정만 하신 분이다. 자신의 치료보다 "농사는 때에 맞추어 하는 것이다."라고 하시며 퇴원을 서둘러 종묘사로 돌아왔다. 오로지 책임감과 성실함으로 이 일을 해내시고 계시다는 생각에 마음이 뭉클하였다.

단비의 어머니는 외며느리로서 시어른을 모시고 사는 일을 당연하게 생각하셨다. 4년 전에 시어머니께서 100세로 임종하실 때까지 힘들다 내색하지 않고 모셨다. 며느리의 친정집은 명절과 제사 때 친지와 이웃사촌들의 만남의 장소이다. 주변에서 싱싱한 해물과 갓 따온 채소를 구하여 음식을 차려낸 사돈의 가정식 백반은 찾아오는 이들에게 예우이 기쁨을 누리게 하였다. 손님을 대하는 정성과 애정의 깊이는 가늠할 수가 없다.

세월의 흔적이 묻은 거실 장식장에는 사돈의 살아온 삶이 고스란히 담겨있다. 남해군 명예 군수 명패와 효부 상패가 햇살 사이로 반짝이며 오고 가는 이들을 반긴다.

며느리 단비도 나의 아들을 만나 2년여 만에 아들을 얻었다.

친정엄마의 손끝을 닮아 요리하기를 두려워하지 않고 제법 맛나게 음식을 해내며 손님께 정성을 다한다. '어머니의 사랑은 한순간도 눈을 떼지 않는다'라는 말처럼 자식을 돌보느라 밤잠 설치는 '절대 사랑'의 엄마가 되었다.

직장생활과 집안 살림을 하느라 바쁜데도 시부모 생일에는 갈비찜 등을 직접 조리해서 집으로 초대하며, 시할머니의 건강과 용돈을 시시때때로 챙기는 마음도 대견하다. 시어머니께서도 손자며느리를 늘 흐뭇한 눈길로 바라보신다.

며느리는 얼마 전에 기다리던 둘째 아이를 출산하였다. 형제자매 없이 외동으로 자란 탓인지 큰손자에게 동생을 안겨주고 싶었나 보다. 첫아이를 키웠던 경험으로 여유롭게 육아를 한다. 3시간 간격으로 수유를 하며 매일 잠이 부족하지만, 여느 엄마들처럼 묵묵히 잘 견디고 있다. 먹고 자며 쑥쑥 잘 자라주는 둘째가 마냥 예쁜지 사랑 가득한 눈길로 바라보는 며느리 곁에서 나도 살며시 미소 짓는다.

사천공항에서 한 시간을 달리면 남해의 첫 관문 노량대교를 건너는 끝자락에 '보물섬, 남해로 오시다'라는 문구가 한눈에 쏘옥 들어온다. 남해에서 태어나고 자란 단비는 우리 가족에게 가장 빛나는 보석이다.

내 마음의 정원

김희종

히말라야 설산이 들려주는 이야기

삶의 속삭임 『금강경』

공감과 소통의 수정(크리스털) 웰다잉

프롤로그

60대 중반을 보내는 어느 날 문득 삶을 돌이켜보는 시간이
주어졌다. 곰곰이 지난 세월의 이야기들을 하나씩 끄집어내다 보니
결국은 무상함으로 귀결 되어졌다. 일체는 무상한 것.
하지만 평생을 함께해 온 『금강경』 덕분에 어떤 난관에도 흔들리지
않는 마음속 장엄의 세계를 만났다. 젊은 날 틈틈이 찾았던
대자연에서 선물처럼 다가왔던 절대 세계와의 체험이 무상한 인생을
다잡아 주는 버팀돌이 되었다. 더불어 운명처럼 다가온 생명의 은인
덕분에 아름다운 회향을 위한 웰다잉 활동을 하게 되었다.
묘비명으로 적고 싶었던 "아, 내 삶은 참으로 아름다웠노라!"
문구가 비로소 해맑게 웃음을 보내왔다.

히말라야 설산이 전해주는 이야기

히말라야산맥은 동서로의 길이가 2,800km, 면적은 독일 영토와 비슷할 정도로 방대하고, 8,000m 이상의 고봉 14좌를 거느리고 있는 세계 최대의 습곡 산맥이다.

설산과의 첫 번째 만남은 1997년 여름이었다. 당시의 여정은 네팔의 수도 카트만두에서 버스로 히말라야산맥을 넘는 것이었다. 말로만 듣던 히말라야의 험준함을 차창 밖 천인단애로 실감하였지만, 깎아지른 절벽을 타고 내려오는 수많은 실폭포들과 상류로 계속 올라가도 멈출 줄 모르는 급류들로 인해 놀라움은 더해갔다.

우여곡절 끝에 티베트에서 7일간 버스 투어를 마친 후, 돌아올 때는 비행기 편으로 히말라야산맥을 횡단하게 되었다. 티베트의 수도 라사에서 카트만두까지 약 1시간 정도의 비행이었는데, 히말라야 상공 바로 위를 통과하는 시간은 대략 10~20분 정도 되었다. 비록 짧은 시간이었지만 산맥 위에서 바라보는 광경은 세상 어디에서도 볼 수 없는 압권 그 자체였다. 탑승객 누구라 할 것 없이 모두 두 손을 모으며 비행기 창가에 머리를 기댄 채 연신 탄성을 쏟아내는 모습이 어쩌면 당연해 보였다.

엄청난 규모의 산줄기는 수십 겹으로 한없이 달려가는데, 여기저기에서 우뚝 솟은 설산의 봉우리는 옆으로 맴돌고 있는 하얀 구름과 분간이 되지 않았다.

이 절경을 만나고 3년이 흐른 2000년 2월, 이번에는 히말라야 산맥 중 아름답기로 유명한 안나푸르나 일대를 트래킹 하였다. 특히 이곳은 3,000년 전 석가모니 부처님께서 구도행을 이루어 널리 알려졌다. 설산에서의 수행은 영적 완성을 이뤄가는 소중한 곳이기에 종교를 초월하여 수많은 사람들이 언제나 설산을 열정적으로 동경해 왔다.

안나푸르나 일대를 여러 날에 걸쳐 3,000미터까지 오른 후 지친 몸을 이끌고 깊은 산골의 버스 종점이 있는 '벤니'로 하산하였다. 내려오는 길이 힘들었던 이유는 막차를 타지 못하면 입국 일정이 하루 늦어져 귀국이 어려워지기에, 지루한 계곡 길을 새벽부터 식사도 거른 채 온종일 걸었기 때문이었다.

포카라행 버스에 몸을 싣고 나서야 안도의 한숨을 쉬게 되었다. 막차여서 그런지 차 안은 사람들로 미어터져 겨우 운전석 옆 좌석에 몸을 맡겼다. 도로는 우리나라에서 찾기 어려울 정도로 험악한 비포장 길이었기에, 흔들리는 버스 속에서 모두 짐짝이 되어 이곳저곳으로 뒹굴고 쏠리고 하였다. 그런 가운데에서도 따뜻한 물 한 잔을 마시자, 마음이 확 풀어지면서 지친 몸은 이내 잠이 들고 말았다.

오후 4시 45분에 출발한 버스였지만 산골의 밤은 일찍 찾아왔다. 1시간 남짓 달렸을까? 해는 저녁노을의 끝자락을 내보이며 곧 밤을 맞을 채비를 하고 있었다. 산길을 달리다 보면 차창 밖 바로 앞의 산들 때문에 멀리 있는 큰 산을 보기가 쉽지 않지만, 졸다가 잠깐 깨어 창밖을 바라보는 5초 정도의 짧은 순간이었을까. 엄청난 행운이 찾아왔으니….

어마어마한 대자연이 꾸미는 장엄한 세계를 마침내 보고 말았다. 장엄한 세계와의 만남은 어쩌면 일대사인연이 아닐까? 검붉은 석양이 만들어 내는 어둠 직전의 불그스레한 설산은 자신의 비밀스러운 속내를 드러내는데, 아무에게도 보여주지 않았던 우주의 신비를 처음 접한 듯 깊은 착각에 빠지고 있었다. 실상(實相)의 단면을 대하는 그 순간 무심코 튀어나온 말이 있었으니,

"아! 이 세상이 아니구나."

하늘의 문이 열려 그곳의 강렬한 메시지가 장엄하게 뿜어져 나오는 그 순간을 영원과 맞닿는 것이라 거창하게 표현해도 될까? 아무튼 그 어떤 언설로도 당시의 느낌을 적어 낸다는 것은 시작부터 무리였다. 다만 이런 광경을 보고 그저 '절대'라 하겠구나 하는 느낌만 뇌리에 가득했다. 일생 최대의 축복에 감사만이 가득하였다.

2001년 1월의 겨울은 또 다른 느낌으로 히말라야를 만난 시간이었다. 네팔 북서부의 휴양 도시 '포카라(해발고도 800m)'는 많은 사람들이 찾는 곳이다. 작년에도 왔던 곳이기에 여러 방면으로 정보를 얻었는데, 특히 트래킹을 안 해도 근처에서 장엄한 일출을 볼 수 있다는 것이 큰 수확이었다.

전날 저녁에 한국말을 잘하는 네팔인 택시 기사를 미리 소개받았기에 새벽 일찍 그곳으로 출발할 수가 있었다. 포카라 호숫가 바로 앞의 '사랑곶(해발고도 2,000m)' 산꼭대기까지 택시가 올라가서 어렵지 않게 일출 직전에 도착하였다.

사랑곶에서 바라보는 황홀하고 장엄한 일출은 세계에서 유일무

이할 것이다. 왜냐하면 산꼭대기에서 밑으로 굽어보면 평지의 높이가 800m에 불과하지만, 바로 코앞에 펼쳐지는 신비로운 설산은 가운데의 마차푸차레만 해도 6,993m, 이 봉우리 양옆에 있는 안나푸르나 주봉들은 8,000m 급이기 때문이었다.

고층 빌딩군으로 가득한 대도시에서도 아무런 걸림 없이 코앞에 7~8,000m의 구조물을 본다는 것은 어렵다. 그러니 가만히 서 있기만 해도 깊은 영감이 전해져 올법하다. 게다가 새벽 일출과 함께 진행되는 광경에 신비로움을 더해주는 새벽안개가 동서 방향으로 장장 1,000km에 걸쳐 펼쳐졌다. 인도의 북부 지방을 통과해 온 공기들이 거대한 히말라야산맥을 만나 피할 수 없어 생겨나는데, 낮에도 사라지지 않을 정도로 유명하였다. 이렇게 짙은 안개에 덮여 있는 저 아랫마을을 내려다보니, 마치 미혹에 빠진 자신의 삶을 보는 것 같아 더욱 깊은 상념에 잠기게 되었다.

사랑곶 전망대에서 가만히 마차푸차레 위를 쳐다보면 북두칠성과 북극성이 자리하고 있기에 정북 방향임을 알 수 있었다. 이렇게 전방위로 펼쳐지는 일출의 광경은 발길 닿는 이들에게는 그대로가 경외(敬畏)의 대상이었다. 남녀노소 국적을 가릴 것 없이 그저 두 손을 모은 채 그윽한 공경심으로 아득히 바라만 보고 있었으니 말이다.

히말라야 설산의 절대 신비를

사람아, 묻지 마소.

눈도 미쳐 못 보거니

입이 능히 말한 손가.

절대 신비 친견하오려거든

직접 가 보소서 하노라.

설산으로의 여행에서 체험했던 '절대'가 어디 마음 밖의 일일까. 자기 속에 잠들어 있었던 절대성이 이러한 분위기에 의해 비로소 드러난 것으로 이해해 본다. 모두에게 다 내재되어 있는 이것이 여행이나 여러 경험을 통해 누구나 접할 수 있다면 우리의 이야기일 것이다.

'절대'는 세상을 살면서 만나게 되는 이런저런 어려움에 꼭 필요한 것 같다. 우리는 재앙에 흔들린다. 뿐만 아니라 누가 칭찬을 해 줘도 잘난 체하다 보면 결국 고통이 뒤따라와 의기소침해진다. 민감한 사람들은 계절이 바뀌고 절기가 변해도 적응을 못해 한결같은 기쁨과 행복을 얻지 못하고 방황한다.

이렇게도 약한 우리들에게 '절대'에 대한 신뢰는 생사의 늪에 빠지지 않고 흔들리지 않는 삶을 살아가는 데 꼭 필요하지 않을까.

삶의 속삭임 『금강경』

어둠이 놀라지 않게끔 촛불 하나를 밝혀 본다. 편안한 음악을 찾으며 지난 시간들을 되돌아보는데, 스스로 내 삶에 던지는 나지막한 속삭임이 무엇인지 귀 기울여 보게 된다.

"아, 내 삶은 참으로 아름다웠노라!"

다행스럽고 다행스러워 자신을 토닥토닥 칭찬해 주고 싶었다. 저절로 나도 모르게 그 이유를 찾아 헤매다 보니 이런저런 궁상들이 설쳐댄다.

30대에 찾았던 티벳 고원으로의 성지순례에 대한 긍지여서인가, 히말라야 설산 트래킹이 준 '절대'에 대한 깨달음 때문이든가, 인도 쉬라바스티 기원정사 새벽 기도에서의 영적 체험이 남아서인가!

삶을 포장해 온 과거의 추억들은 이렇게도 끈질기게 되살아나지만, 과연 이것만으로 인해 현재 삶이 아름다울까? 비록 무지함으로 가득했던 그동안의 여정이었지만, 그래도 매일 같이 함께 한 책이 있었으니 바로 『금강반야바라밀경』.

도인의 가르침으로 해석된 그 경전을 새벽마다 또는 저녁마다 읽다 보니, 어느새 삶을 비추는 거울이 되었다. 그래서 나름대로 매일 새롭게 깨어날 수가 있었다. 그렇게 보낸 시간들은 결코 마음 밖에서 찾는 것이 아니었다.

『금강경』은 속삭였다. 네 속의 탐내고 성내고 잘난 체하던 허세들은 본래 없단다. 그것을 이렇게 『금강경』을 읽으면서 혹은 그 마음을 부처님! 하는 마음으로 바꾸면서 혹은 모든 이들이 부처님 삶처럼 닮아가기를 발원하면 너는 언제나 새로이 태어날 것이리라.

그곳에는 항상 절대적인 아름다움만이 가득가득 장엄하리니.

공감과 소통의 수정(크리스털) 웰다잉

고향인 경북 왜관을 떠나 서울로 올라와 성보고등학교에서 22년간 과학 교사로 재직한 후, 명예퇴직을 하였다. 그 후 15년 동안 수행과 봉사활동을 하며 열심히 살아왔다. 평범한 삶이었지만, 나에게는 평생 이해할 수 없는 습관이 하나 있었다. 바로 말을 더듬는 것이었다. 이로 인해 남들이 이해하지 못할 고통 속에서 지내왔다.

그러던 어느 날, 마치 선물처럼 기적 같은 하루가 찾아왔다. 내 인생에 은인이 나타나 이 멍에를 벗겨주셨다. 놀랍게도 그분은 나보다 나를 더 잘 알고, 내 안의 문제를 정확히 파악하셨다. 그런 분은 평생 처음 만났다.

더욱 놀라운 것은 아무런 조건 없이, 기도를 통해 단 3일 만에 내 말 더듬는 습관을 고쳐 주셨다는 점이다. 60년 동안 나를 괴롭혔던 고질적인 습관을 단칼에 해결해 주셨다. 더 놀라운 사실은 그분이 언어교정 전문가도 아니었고, 단지 나의 말 더듬는 습관을 고쳐 주고 싶다는 마음만으로 그 모든 과정을 이끌어주셨다는 것이다. 3일 동안의 언어교정 과정에서 여러 차례 어려운 순간들이 있었지만, 오직 기도의 힘으로 모든 문제를 해결해 주셨다.

이 중요한 기도가 이루어지도록 결정적인 도움을 주신 분은 이분의 모친이신 고 신수정 어머님이셨다. 그 후로도 두 분의 헌신적인 보살핌을 받았고, 더불어 다른 세 분의 도움으로 2022년에 동국대학교에서 철학박사 학위를 받았다. 이를 계기로 지금은 공감과 소통의 웰다잉 강사가 되어 인생 역전의 주인공이 되었으니, 정말 감사하고 고마운 일이다. 내 운명을 바꿔준 그 은혜에 조금이라도 보답하며 세상 속에서 아름답게 웰다잉을 전하고자, 최근에 돌아가신 이분의 어머님 이름으로 '수정(크리스털) 웰다잉'이라는 명칭을 짓게 되었다.

'수정'은 티 없이 맑고 청정한 이미지를 전달한다. 우리의 몸과 마음은 본래 수정처럼 청정하지만, 자신만의 분별과 망상으로 셀프 감옥을 만들어 고통스럽게 살아간다. 그 안에 갇히면 그 누구도 꺼내줄 수 없다. '수정 웰다잉'은 진정한 공감과 소통을 통해 열린 마음을 가지며, 본래의 건강한 모습을 되찾는 것을 지향한다. 자신을 용서하고 이해하며 사랑함으로써 진정한 자아 통합을 이룰 수 있다.

살면서 불합리한 일을 마주할 때도 "그럼에도 불구하고 웃자! 웃을 일이 생긴다."라고 마음을 다잡고, 매 순간 "감사합니다. 사랑합니다. 고맙습니다."라고 말함으로써 누구나 밝고 맑은 인생 역전의 주인공이 될 수 있다.

우리는 자신이 지은 원인에 따른 결과를 받는, 즉 인과의 법칙을 벗어날 수 없는 세상에서 살아가고 있다. 그래서 고통과 즐거움, 행복과 불행이 무한히 반복되며 우물물 두레박처럼 오르락내리락한다. 그 안에 갇혀 있다면 누구도 고통을 피할 수 없다. 다만 그것을 감수할 뿐이다.

우리는 자신이 만든 셀프 감옥에서 벗어나야 한다. 그리고 이 세상을 떠날 때에는 고통이 없고 즐거움만 있는, 수명이 무량하며 퇴보가 없는 깨달음의 상태인 그곳에 가야 할 것이다. 그곳은 가기만 하면 모든 고통에서 벗어날 수 있다. 평소에 그곳이 존재한다고 믿고, 그곳에 가기를 원하며, 자신의 허물을 인정하고 닦아 나가면서 늘 무량한 광명을 지향한다면 가능할 것이다.

'수정 웰다잉'은 무량한 광명을 향함으로 셀프 감옥에서 벗어나 살아서는 극락(천국)처럼, 죽어서도 영원한 평화만이 가득한 진짜 극락(천국)으로 가는 아름다운 여정이 될 것이다. 이러한 희소식을 남녀노소 누구에게나 그리고 전 세계에 전할 수 있기를 소망한다.

가장 좋은 죽음을 맞이하는 길은 지금 가장 좋은 삶을 살아가는 것이다.

내 인생에 생명을 불어넣어 주신 고마운 분은 바로 배선용 선생님이시다.

삶의 울타리, 꽃이 피다

김미랑

어머니의 지혜를 담다

남편의 선물

나를 찾아가는 하루

프롤로그

가정과 개인적인 삶의 균형을 찾으며 산다는 것이 역경이었다.
글쓰기를 통해 아픔도 기쁨도 새롭게 승화되고 나를 변하게 하는
경험을 했다.
세월이 지나며 어머니를 더 이해하게 되었다. 한 사람으로서 또한
아내이자 엄마 역할을 하며 자신을 돌보고 스스로 시간을 낼 수
있는 용기도 배웠다. 특히 남편과의 소중한 관계 속에서 서로를
배려하는 마음이 커질수록 개인의 삶과 가정의 삶이 더 조화롭게
어우러져 돈독해진다는 것도 깨달았다.
이 글을 통해 독자가 자신을 위한 시간을 소중히 여기고 일상에서
행복을 찾는 데 공감을 얻으면 좋겠다.

어머니의 지혜를 담다

어머니는 뇌출혈로 한쪽이 마비된 시아버지를 오랜 세월 간병하며 자신의 삶을 뒤로한 채 두 사람의 몫을 살아내셨다. 시아버지께서 회복하리라는 희망을 품고 홍성침술원 및 이름난 한방병원을 찾아다니시기도 했다.

14년 동안 당신의 건강은 뒷전으로 미뤄두고 맛있고 좋은 음식은 시아버지께 드리며 손과 발이 되어 주셨다. 그 과정에서 허리가 기역자로 굽고 손목이 아파도 늘 괜찮다고 나를 안심시켰다. 그렇게 강한 어머니도 시아버지와의 사별 후 소화불량과 우울증에 힘들어하셔서 그 모습을 보고 덜컹 불안한 생각이 들었다. 그래서 나의 집으로 오시라 해도 여전히 "아직"이라고 하신다.

이제 어머니는 83세가 되셨다. 혼자 계시므로 자주 전화를 걸고 매달 꼭 찾아뵈려고 한다. 어머니는 작은 밭에서 채소를 가꾸며 시간을 보내신다. "식사는 하셨어요?"라는 나의 전화에 "그럼, 걱정하지 마."라고 대답하시는 어머니. 허리가 불편하신데도 자식들을 위해 직접 재배하신 고구마며 배추를 수확해 주실 때마다 가슴이 뭉클해진다.

어머니와 함께 보낸 시간 중 가장 소중했던 기억은 산정호수와 평강 수목원 나들이였다. 산정호수의 둘레 길을 걸으며 수양버들 아래에서 어머니는 살아온 이야기를 조곤조곤 들려주셨다. "너희 아버지가 말이야..."로 시작되는 이야기는 항상 같은 결말로 끝났지만, 어머니의 얼굴엔 아버지에 대한 그리움과 사랑이 담겨있었다. 평강 수목원에서 어머니는 내가 미처 알지 못했던 야생화 이름을 하나하나 알려주셨다. 한여름 더운 날씨였는데 작은 들꽃들을 손으로 어루만지며 "참 예쁘지, 작은 것도 소중한 거야." 하시는 그 말씀이 마음에 오래 남았다.

어머니와의 여름 바다 여행도 잊을 수 없다. 80대 어머니는 맹방해변에서 바다가 무섭다면서 바다에 들어가 손녀들과 함께 모래성을 쌓고, 조개를 잡으며 아이처럼 웃으셨다. 저녁에는 삼척항에서 신선한 해산물로 한 상을 차렸고, 늘 그렇듯 자식들에게 음식을 더 권하며 젓가락을 먼저 내려놓으셨다. 그런 어머니의 모습에 마음이 불편하면서도 부모 자식 인연이 '주고 또 주는' 사랑임을 다시 느꼈다.

세월이 흐르면서 걸음은 느려지고, 여러 번 불러야 듣고 돌아보시지만 따뜻한 마음만큼은 더욱 깊어졌다. "이제 하고 싶은 거 다 하고 살아라. 네가 잘 살아야 내가 행복하다." 어머니께서 들려주신 말씀 한마디가 나의 힘들게 살아온 기억을 떠올려 눈물이 핑 돌게 했다. 위로를 얻은 마음에 동지 같은 어머니께 더 많은 것을 드리고 싶어졌다.

이제 살아가는 동안 어머니께 많은 추억을 만들어 드리고 싶다. 허리가 불편하다고 여행을 꺼리실 때마다 "허리가 구부정해도 괜찮아요, 그대로가 자랑스러워요." 말씀드리면 어머니는 미소를 지으신다. 경직되어 살아온 나는 새삼 미소가 아름답다는 것을 배운다.

어머니와 함께한 시간은 따뜻한 말과 한결같은 믿음을 남겼다. 살아오며 힘든 순간마다 손을 잡고 일어설 지팡이가 되어주었고 살아갈 용기도 주셨다. 이제 내가 어머니를 닮아가고 있다. 사랑과 헌신이 무엇인지, 용서와 믿음이 인내의 시간 속에 발효되어 내 마음의 온도도 올라간다.

어머니와 살아온 시간은 내게 세상 무엇과도 바꿀 수 없는 보물이자, 삶에 가장 깊은 뿌리를 내렸다. 앞으로도 어머니의 손을 꼭 붙들고 함께 만들어 갈 추억이 소중하게 남을 것이다.

"어머니와 많은 시간 함께 할게요. 사랑합니다."

어머니의 모습을 닮아가도록 노력하고 부족한 부분을 채우며 살고자 한다.

남편의 선물

잠결에 모닝 알람이 울린다.

경은아, 학교 가야지. 남편의 낮은 목소리가 귓가에 닿는다. 나직하지만 다정한 그 음성이 이불 너머로 나를 감싼다. 언제 일어날 거냐고 남편이 말을 걸지만, 나는 눈을 감은 채 이불 속에서 중얼거린다.

"달걀 두 개만 삶아줘."

그러곤 따스한 꿈속으로 빠져든다. 여름날의 하늘 수목원 정자에서 올려다본 수양버들 아래 갈대 사이로 펼쳐지던 푸른 하늘과 상쾌한 바람의 평온함이 나를 그때로 이끈다.

언제부터였을까. 나만을 위한 시간이 생활에 자리 잡기 시작했다. 네 자녀의 아빠로 경제생활의 중심이었던 남편이 이제는 기꺼이 '안사람' 역할까지 자처하고 있다. 남편은 오전과 오후로 근무하는 틈새를 맞춰 빨래며 청소, 요리까지 전담해 주었다.

운동복을 차려입고 출근복을 담은 두 개의 가방을 팔에 걸고 휴대폰 가방을 목에 맨 채 현관문을 나선다. 차 열쇠를 챙기며

문턱을 넘는 순간, 어쩐지 오늘 하루가 특별할 것 같은 설렘이 밀려온다. 8시, 번잡한 출근 시간을 피해 나선 길은 한산하다. 막힘없이 달리는 15분이 작은 호사처럼 느껴진다. 헬스장 사물함에서 세면 가방을 꺼내며 하루의 첫 시작을 준비한다.

운동의 리듬은 하루를 깨우는 신호다. 자전거를 타며 몸을 풀고 8시 50분에는 다이어트 댄스를 위해 강의실로 들어선다. 9시, 조용필의 '미지의 세계'가 흘러나오는 강의실에서 회원들과 손을 흔들며 가볍게 인사를 나눈다. 음악에 리듬을 타면서 땀을 흘리며 움직이는 50분이 스트레스를 날려준다.

출근 후 커피 한 잔을 준비한다. 단테의 신곡 '천국' 편을 한 구절씩 필사하며 하루를 채울 계획을 세운다. 투명한 얼음 속에 담긴 냉커피는 청량한 기쁨을 주고 더위를 잠시 잊게 해 준다.

'모든 일은 마음먹기 나름이다.' 한때는 불편하게만 느껴졌던 이 말이 이제는 깊이 있는 지혜처럼 다가온다. 세월은 단단한 마음의 열매를 맺게 한다.

운동 외에 독서 동아리, 서예, 자서전편찬위원회, 청바지 멘토 활동까지 가끔은 바쁜 일정에 압도되어 지금 무엇을 제대로 하는 걸까?'라는 질문이 떠오른다. 하지만 그런 순간마다 오늘을 주인공으로 살 수 있다는 것이 얼마나 감사하냐고 대답한다.

이 모든 시간은 곁에서 지켜주는 남편 덕분에 얻은 선물이다. 네 자매를 키우며 바쁘고 힘들었던 시절, 남편은 가족을 위해 온

몸을 바쳐 일했다. 그의 배려와 사랑이 있기에 평온함과 자유 속에서 이제 나만의 시간을 찾게 되었다.

문득 남편의 얼굴을 떠올리니 미소가 번진다. 천상배필이라는 말이 이토록 실감 나게 다가올 줄이야. 우리의 평온한 일상이 얼마나 큰 선물인지, 나를 위한 그의 배려가 정말 고맙다.

날마다 지금이 얼마나 귀하고 특별한 시간인지 생각한다. 그리고 이 모든 것에 감사한다.

나를 찾아가는 하루

오늘은 내 생일이다. 특별한 날을 기념하듯 청강 캠프에서 알게 된 사진작가의 이벤트에 당첨되어 첫 프로필 촬영을 하기로 했다. 생애 처음으로 자신을 위한 도전이라 설렘과 약간의 긴장감이 교차했다. 아침 일찍 고3 딸이 간단한 화장을 해 주는 손끝에서 전해오는 사랑이 생일선물처럼 느껴졌다.

10시 40분, 내비게이션에 마곡동 서울식물원 주차장을 입력하고 출발했다. 도로 위에서 펼쳐질 서울의 교통상황을 예상하며 안전운전에 집중했다. 영동고속도로를 따라 인천 방향으로 차를 몰다 보니 양화대교와 성산대교가 차례로 시야에 들어왔다. 설렘 가득했던 마음이 서서히 긴장으로 바뀌던 찰나 서울식물원에서 만나기로 한 동료에게 전화가 왔다.

갈림길에 접어들기 직전이었다. 전화를 받을까 말까 잠시 망설이다가 결국 받고 순간 아차 싶었다. 우회전해야 할 갈림길에서 전화를 받느라 길을 놓친 것이다. 내비게이션은 경고음을 울리며 "경로를 이탈했습니다."를 반복했고 당황스러움에 조바심이 일었다. 마음은 이미 목적지를 향하고 있었지만, 차는 다른 방향으로 달리고 있었다.

몇 번이나 새로운 경로를 따라가는데 창밖으로 스쳐 지나는 도심의 풍경이 문득 눈에 들어왔다. 혼란스러운 마음 한편에서 이런 생각이 스쳤다. '길을 잃은 것도 일종의 모험이 아닐까.' 시간에 쫓기면서도 어딘가 새로운 곳으로 나아간다는 느낌이 묘한 기대감을 안겨 주었다.

몇 차례의 심호흡 끝에 겨우 서울식물원의 주차장에 도착했다. 지하 2층 주차를 마치고, 위치를 사진으로 찍었다. 페인트로 칠해진 출입구 표시를 따라 1층으로 올라가면서도 약간의 초조함이 여전히 남아있었지만, 약속 장소에 가까워진다는 생각에 마음이 조금씩 설렘으로 채워지기 시작했다.

만나기로 한 동료와 통화를 하려니 휴대폰이 갑자기 꺼져버렸다. 오래된 핸드폰을 원망할 여유조차 없었다. 두리번거리며 안내소로 걸어가니 노년의 두 안내원이 따뜻한 미소로 나를 맞아 주었다. 충전이 가능하다는 말을 듣고 급히 충전기를 연결하며 작은 위안을 느꼈다. 기분이 한결 나아졌다.

휴대폰을 충전한 후 동료와 통화를 이어 가며 약속 장소로 향했다. 산책로를 따라 발걸음을 옮기니 잔디밭과 나무들 사이로 군데군데 벤치가 시야에 들어왔다. 벤치에 앉아 쉬는 장면을 생각하며 걷다 보니 저 멀리 분홍색 곰 가족이 시소를 타고 있는 조각상이 눈에 들어왔다. 불안하고 조급해졌던 마음의 보상을 받는 듯 기쁨이 밀려왔다.

'이 순간이 바로 특별하게 만들어 주는구나.'

분홍색 곰 가족의 모습을 카메라에 담으며 나도 모르게 미소가 번졌다. 그리고 곧 약속 장소인 LG 아트센터에 도착했다.

작가와의 만남은 오랜만이라 더욱 반가웠다. 색색의 채소로 속을 듬뿍 채운 김밥과 따뜻한 커피를 나누며 촬영에 관한 이야기를 나눴다. 온실에서 촬영을 시작하자 긴박했던 하루의 시작은 어느새 편안함과 즐거움으로 변해갔다.

각양각색의 식물들 사이에서 카메라 셔터가 찰칵찰칵 울릴 때마다 마음속에서 작은 희망의 싹이 움트는 기분이 들었다. 파란 창문과 아이비가 어우러진 공간에서 사진을 찍을 때는 마치 새로운 시작을 축복해 주는 배경처럼 느껴졌다. '내가 이런 모습이었구나.' 상상했던 사진 속 나를 보며 뿌듯한 마음이 들었다.

촬영을 마친 뒤에는 갈대숲이 어우러진 호숫가에서 일몰을 바라보며 하루를 마무리했다. 발그레한 일몰의 여운이 갈대 사이로 스며들어 나를 어루만져 주었다. 작가는 그 순간마저 놓치지 않고 사진으로 담아 주었다.

허기진 배를 채우기 위해 찾은 한정식 식당에서 어머니의 손맛이 떠오르는 청국장은 내게 더없는 위로가 되었다. 스타벅스에서 마신 커피 한 잔은 오늘의 여정에 대한 완벽한 마침표였다.

첫 프로필 촬영은 단순한 사진 찍기가 아니었다. 작가를 만나기 전 길을 잃고 다시 찾아가며 느꼈던 긴박함, 그 속에서 얻은 설렘과 성취감이 주는 최상의 만족이었다.

'길을 잃어도 괜찮아. 그것도 나를 찾아가는 여정의 일부니까.'

오늘은 그런 의미에서 내게 진정한 축복의 생일이었다.

설렘이 있는 기억

유향숙

성장의 발자취 전학의 기억

구두 수선집에서 만난 이야기

찰칵 청춘의 시간 속으로

프롤로그

아버지의 전근으로 초등학교 때에 네 번의 전학을 다니며 적응하는 과정을 표현하였다. 새로운 학교에 갈 때마다 선생님과 친구들을 만나고 사귀어 가는 일들은 나를 성장하게 하였다.

졸업식 날, 마지막 기차 통학길에 온 가족이 축하해 주며 동행하여 초등학교 시절을 마무리하는 발자취를 남겼다.

부츠를 수선해 주는 아저씨의 작은 공간에서 그분과 따스한 교감을 통해, 문화가 바뀌며 구두 수선하는 일이 예전 같지 않은 안타까운 상황에 대해 생각하였다.

청춘 시절 MT, 캠퍼스, 눈 내리는 겨울, 결혼식 사진을 찍었던 시간의 흐름과 추억을 불러내었다. 친구와 45년 만에 사진을 찍으면서 인생에서 진정한 기쁨이 다시 찾아올 수 있다는 희망을 전하고 싶었다.

성장의 발자취 전학의 기억

초등학교 시절은 이동의 시기였다. 여러 학교를 다녔던 것이 지금 어떤 모습으로 자리하고 있을까.

아버지의 첫 발령지인 강화 교동도에 있는 교동초등학교에 입학했지만 한 달 만에 전학을 갔다. 중등 교사이신 아버지의 전근으로 인하여 이동할 수밖에 없는 상황이었던 같다. 아버지께서 2월 중순쯤에 발령이 나서, 새 학기 개학의 시기가 맞지 않아 한 달 늦게 전학하게 되었다.

3년 전 어느 봄날, 강화도에서 교동도까지 다리가 개통되었다는 소식을 듣고 반가운 마음에 어머니를 모시고 남동생과 교동초등학교를 찾아갔다. 아마 50년은 족히 지난 것 같다. 당시 국민학교가 초등학교로 교표가 바뀐 교문에서 여느 사람들처럼 사진도 찍었다. 운동장을 보니까 아주 오래된 나무가 대여섯 그루 줄서 있었는데 그 나무들은 나를 기억이나 할 수 있을까.

"친구야, 너 왔니?"라고 나무가 반겨 준다고 생각했다. 1학년 때의 교실은 1층이었는데 기억을 더듬어 교실을 돌아보고 학교 앞 문방구까지 찾아보았다. 문방구가 그렇게나 작았는지 새삼 놀랐다.

교동도에서 전학을 한 용인초등학교에서 4학년까지 다녔다. 그때 우리 반 친구 다섯 명이 기억에 남는다. 두 친구의 아버지는 사립중고등학교 교사셨다. 우리들은 아버지가 같은 교사라서인지 더 친하게 지냈다. 학교에서 산모퉁이를 지나 멀리 떨어진 시골 마을에 사는 얌전하고 똑똑했던 친구와 부모님이 시장 안에서 큰 옷 가게를 하는 친구도 있었다. 시장 초입에 대문이 큰, 다른 친구 집에 갔을 때 친구의 어머니가 타 주신 미숫가루는 처음으로 먹어본 음료였다.

용인초등학교에 다니는 동안 친구도 많이 사귀었고 선생님들께도 귀여움을 꽤나 받았다. 복도에서나 교실에서 선생님들이 종종 다가와 안아 주시며 인사를 건네곤 하셨다.

1학년 때에 어머니가 학교 앞 문방구에서 왕자 크레파스를 사 주셔서 미술 시간이 즐거웠고 선생님께 잘 그린다는 칭찬의 말씀을 많이 들었다. 친구들도 아주 부러워했다. 내게 색을 사용하는 감각이 내재 되어 있는 것 같다. 전시회에 가서 그림을 보면 마치 내가 붓을 잡고 있는 듯하다. 작가 의도는 무엇인지 생각하며 표현기법을 감상하노라면 마음이 안정되고 깊이 빠져든다. 그런 순간마다 나는 이미 화가가 되어 있다.

아버지가 용인에서 일산으로 전근 가면서 근무하시는 학교의 사택으로 이사를 하고 일산 초등학교로 전학하였다. 5학년 때의 담임선생님은 검은 안경을 쓰신 무서운 분이셨다. 이때는 부모님께 용돈을 받았던 것 같다. 학교 후문에 있는 문방구에서 주전부리를 사본 기억이 있고, '뽑기' 앞에 쪼그리고 앉아 잘 떼어보기를 기대하며 뽑기도 가끔 해 보았다.

마지막으로 전학을 한 학교는 서울 수색초등학교이다. 부모님이 서울로 상경하고자 집을 매입하셨고 다른 사람에게 세를 준 상황이었다. 그래서 학교 인근에 있는 친척 집에 주소를 옮겨서 그 학교에 다니게 된 것이다. 당시 실거주지는 일산이었다.

어머니의 손을 잡고 서울로 전학을 한 학교는 지방과 달리 교사동 건물이 컸고 학생들도 시끌벅적했다. 교무실에 들어갔는데 선생님이 많이 계셔서 깜짝 놀랐다. 간단한 전입 절차를 마치고 담임선생님과 함께 교실을 찾아갔다. 6학년 12반 82번이었다. 교실 안은 분단 사이에 통로조차 없는 상황이 콩나물시루 같았다.

그날부터 약 1년간 일산에서 수색까지 기차로 통학했다. 학교 수업이 끝나면 친구들이 교문 앞을 우르르 나오다가 "야, 오늘은 너희 집에 가서 놀자."라고 하면 가슴이 콩닥콩닥하고 얼굴이 붉어지곤 했다.

그때마다 "오늘 우리 집에 손님이 오셔서 갈 수 없어." "오늘은 엄마랑 약속이 있어서 안 돼."라는 말로 친구들을 따돌렸다. 몇 번을 안 된다고 하다가 부모님께 말씀드리고 친구들과 친척 집

마당에 갔다. 한바탕 놀고 간식과 음료수도 마시다가 친구들이 다 간 다음에 기차를 타고 일산 집으로 가기도 했다. 어린 나이에 위장 전입을 한 것이 마음에 크게 부담으로 느껴져 더욱 그랬던 것 같다.

그렇게 한 해를 보내고 이듬해 2월의 졸업하는 날 온 가족의 축하를 받았다. 졸업증서와 6년 개근상장이 담긴 빨간색 벨벳 통과 노란 국화와 빨간 카네이션 조합의 꽃다발도 받아 멋지게 가족사진도 찍었다.

그날은 가족 모두가 함께여서인지 큰 운동장이 온전히 내 학교처럼 느껴졌다. 졸업식을 마친 뒤 아버지께서 사 주신 짜장면이 얼마나 맛있던지 아직도 생생하다. 오랜만에 수색에 오신 아버지는 친척 집 어른들과 감사의 인사도 나누셨다. 돌아올 때도 온 가족이 마지막 기차 통학길을 동행해 주었다. 혼자 통학하던 때와 달리 훈훈한 느낌이 들며, 한편으로는 기차 통학을 마무리하므로 시원하면서 섭섭한 생각도 들었다.

그 후 서울 서대문구 남가좌동에 있는 명지여중에 배정받고 우리 집은 서울로 이사를 했다. 3월에는 교복에 하얀 카라와 배지를 달고 검정 가방을 든 여중생이 되었다.

초등학교 시절 여러 번의 전학은 새로운 만남의 기회가 되었고, 학창 시절과 사회생활에서 다른 사람과 관계를 잘 맺으며 유지하는 적응력을 길러 주었다.

어린 시절에 불편하고 부정적인 상황이 반복되면 고통과 상처로 남을 수 있다. 그 당시 여러 번의 전학을 통해 정들면 헤어지게 되는 동무와의 관계나 새로운 환경에 대한 적응이 결코 가벼운 일은 아니었다. 그러나 주어진 환경을 받아들이고 견뎌내니 긍정적인 측면도 있었다. 단점이 반드시 단점으로만 남지 않는다는 것을 어린 시절의 환경을 통해 알게 되었다.

구두 수선집에서 만난 이야기

퇴직한 동료와 약속이 있는 날이었다. 우아하게 멋을 내고 만남의 장소로 가기 위해 집을 나왔다. 설레는 마음으로 약속 장소에 도착하니 출입구의 자동문이 열린다.

걸을 때마다 지지 직, 자극적인 소리가 로비에 울려 퍼진다. 만남에 기대감이 넘치는 이 순간 괴로운 흠집을 내는 것은 뭐지? 발밑에서 나는 이 소리는···. 머리카락이 쭈뼛 서는 것을 느꼈다. 얼른 뒤꿈치를 살짝 들어서 자세를 바꾸었다. 굽어진 무릎이 불편하고 쑥스럽기만 했다. 기대감으로 충만했던 만남의 시간은 편하지 않았다. 집에 돌아와서 보니 부츠의 뒷굽 바닥이 문제였다. 단단한 재질이 평평하게 되어 있어서 작은 모래만 박혀도 소리가 나는 것이었다.

어느 날 운동센터 가는 길옆 구두 수선 간판에 눈이 번쩍 뜨였다. 구두수선 집에 들어가 뒷굽에서 소리가 나는 불편함을 호소했다. 내 구두 굽을 살펴보고 소리가 나는 것이 당연하다고 공감해 주시는 아저씨가 고마웠다. 어떤 사람은 사자마자 가져와서 수선하는 사람도 있다고 하셨다. 부츠를 아저씨에게 넘겨 드리고는 편안해진 마음으로 주변을 살펴보았다.

아저씨가 먼저 말을 걸으셨다. “라디오가 10여 년이 지나니까 소리도 늙어서 안 나와요.”라고 푸념을 하신다. 순간 오른쪽 맨 위에 놓인 라디오로 자연스럽게 시선이 갔다. 카세트테이프를 넣고 사용하는 모델이었다. 주파수가 안 맞을 때 들리는 소리가 추억의 소리로 들렸다. 안 들리니까 더 집중해서 들었다.

아저씨는 자신이 구두 일을 하게 된 동기를 들려주었다. 벌써 말씀에 생기가 느껴지고 자신감이 있어 보였다. 군 복무 시절에 전투화를 닦으면 다른 사람들보다 잘 닦는다고 소문이 났었다는 것이다. 군 제대를 하고서 잘할 수 있는 일을 찾다가 구두를 닦기 시작했는데 구두를 닦는 일과 수선을 같이 했을 때는 일이 많았단다. 그렇다고 해서 마냥 아무나 할 수 있는 일은 아니라면서 차별을 두었다.

일단 기억력이 좋아야 하는 직업이라며 수십 켤레의 구두가 누구의 것이었는지 전부 기억했던 베테랑 구두닦이였다고 자랑하는 표정에서 자긍심이 느껴졌다. 이 일이 손에 안 맞는 사람은 수십 분씩 죽어라 손질을 해도 티가 안 나는 경우도 있다고 한다.

“아저씨, 저도 중학교 다닐 때 아버지 구두를 닦아드리고 용돈을 받았던 기억이 나는데요.”

어느덧 공감대가 생겨서 옛 추억의 장소로 느껴졌다.

내가 앉은 의자 바로 옆에는 여성 구두 굽이 긴 것부터 짧은 것까지 색깔도 다양하게 걸려 있고, 도구들도 집거나 때리고 뚫는 것 등의 크고 작은 것들이 걸려 있다. 옆면에서 본 먼지 앉은 열쇠들은 도어락을 많이 사용하여 팔리지 않는 물건이 되었다. 다양한 색깔과 크기로 굵거나 가는 도장도 있었다. 요즘은 도장을 사용하기보다 사인을 하는 시대가 되어 도장도 추억의 창고에 보관하게 되었다. 그 짧은 시간 동안 1980년대의 시공간을 다녀온 것 같다.

기사에서 「구둣방도 없어지네요. 추억 속으로 사라지는 구두수선집」을 읽은 적이 있다. 길거리에서 직장인들의 구두 굽을 갈아주던 수선집들이 점차 사라져간다. 의복 문화가 달라져 구두보다는 운동화를 주로 신는 시대로 바뀌면서 생긴 변화이다. 구두 수선공의 고령화, 패스트 패션의 영향도 큰 것 같다.

힘주어 부츠 뒷굽을 뜯어내는 아저씨의 어깨가 굽어서 체구가 더 작아 보였다. 칠십 대 후반으로 보이는 아저씨가 귀한 일을 하시니 더욱 고맙게 느껴졌다. 구두수선으로는 생활하기 어려우나 이 나이에 할 수 있는 일이 딱히 이것뿐이어서 마지못해 운영하고 있다는 말씀에 안타까운 마음이 들었다. 아저씨를 만나 불편한 구두의 문제를 해결할 수 있으니, 지금처럼 이 자리를 지켜주셔야 한다고 말씀드렸다. 잠시 위로가 되는지 구두 굽을 바꾸는데 몰입하는 모습이 전문가다웠다.

수선이 끝났다는 말씀에 얼마나 고마운지 바로 "고생하셨습니다."라는 말이 나왔다. 수선비를 알려주며 계좌번호와 입금 은행, 예금주를 적은 비닐로 싼 메모지를 보여주신다. 즉시 휴대폰으로 계좌이체를 하고 감사하다는 인사를 하며 수선집을 나왔다.

발걸음이 편안해졌다. 돌아오는 길에 묵묵히 그 자리를 지키고 계신 아저씨가 내 마음에 따뜻하게 들어왔다.

찰칵 청춘의 시간 속으로

"찰칵찰칵"

이 소리를 아주 좋아한다. 그렇게 좋아했던 소리가 45년이 지나 추억의 소리로 멀어져갔다. 시간을 거슬러 가면 이 소리를 다시 들을 수 있을까. 소리가 탄생하게 된 20대의 나로 돌아가 본다.

고등학교를 졸업하고 CANNON AE-1 카메라를 선물 받았다. 얼마나 좋아하고 즐겼는지 젊은 날은 사진 찍기가 일과이고, 어디를 가든지 카메라는 동반자였다. 청춘 시절에 동반자와의 소중한 순간들을 기억해 보고 싶다.

MT 장소로 손꼽히던 곳은 가평의 남이섬이다. 청량리역에서 기차로 출발하여 가평역에서 내린다. 배를 타고 섬에 도착하면 눈은 벌써 앵글이 되어 좌우로 밀고 당기기를 반복한다. 한 장면이 사각 구도에 들어오면 셔터를 누르기 시작한다.

가로수길, 은행나무 길에서 대각선의 구도와 원근을 경험하였다. 넓고 푸른 잔디에서 한가로이 뛰어다니는 다람쥐, 방갈로가 있는 둘레길, 도시에서 벗어나 여유가 넘치는 연인들의 손짓과 맑고 순수한 미소, 섬에서 바라보는 보트의 물살도 렌즈에 들어와 셔터를 쉼 없이 눌렀다.

매일 다니던 캠퍼스도 빠질 수 없다. 먼 곳은 당기고 가까운 곳은 초점을 세밀하게 맞추어 가며 조리개를 정확하게 조절한다. 벤치에 앉은 20대 탱글탱글한 피부의 인물사진을 찍을 때는 필터를 사용하는데 시선 처리와 옆모습의 각도가 중요하다. 빛의 방향에 따라 다양한 형태로 표현할 수 있는 역광사진은 봄 햇살과 함께하면 더없이 신비롭다. 역광은 Av(조리개 우선) 모드로 조리개를 조절하면서 표현했다.

어느 겨울, 앵글 부츠가 덮일 만큼 눈이 내리는 날이었는데 집에만 있기에는 참을 수가 없어 친구와 나는 가까운 행주산성을 찾았다. 가는 길이 너무 미끄러워 자동차들은 엉금엉금 기어가고, 어떤 트럭은 제자리에서 매연을 내뿜으며 헛바퀴만 뱅글뱅글 돌고 있어 매우 안타까웠다. 그러다가 운전자는 짐칸에 준비한 연탄재를 바퀴 앞에 던져 깨트렸다. 너무나도 신기한 장면이었다. 연탄재의 도움을 받은 트럭은 언제 그랬냐는 듯이 앞으로 직진했고, 그 모습을 지켜보던 우리는 손을 흔들며 함성까지 질러 주었다.

설경은 하얀 눈에 노출을 맞추다 보면 밝기가 어둡게 된다. 이럴 때는 노출을 0.3~1스텝 올려서 촬영하면 눈으로 보이는 그대로 밝게 찍을 수가 있다. 필름 한 통에 설경을 채워 담고 능곡역 앞 정다방에서 연탄난로에 몸을 녹였다. 그날 커피 맛과 향은 잊을 수 없는 최고의 추억으로 남았다.

한 가정을 이루는 친구들의 결혼식장에도 빠지지 않고 참여했다. 신부대기실과 신랑 신부 어머니의 화촉 점화, 신랑 신부 입장과 화동 입장, 성혼 선언과 축가, 가족과 친구 사진 등 예식 순서를 모두 담아낸다. 실내 촬영은 플래시의 도움을 받아야 한다. 결혼식은 중요한 일인 만큼 실수는 있을 수 없다. 렌즈는 이렇게 멈추지 않는 순간을 찍는 것으로 기분을 짜릿하게 해 준다. 이러한 경험들은 청춘의 나에게 소중한 진리의 말을 남겼다. "기계는 거짓말을 하지 않는다."라는 것이다.

이제 그리웠던 행복한 날이 시작될 것 같다. 사진 촬영을 좋아하는 분을 우연히 알게 되었다. 대화는 여러 가지 공감으로 이어져 친구가 되었다. 사진 찍는 날을 계획하고 준비하면서 설렘이 배가 되었다. 또한 렌즈에도 새로운 파트너가 생겼다. 사전 계획에 따라 CANNON AE-1 카메라에 필름을 넣고 배터리도 교체하고 디지털카메라와 핸드폰을 챙기니 출동 준비 완료다.

2024년 어느 가을날, 우리는 강화도 연미정에 도착했다. 묵직하게 역사를 지키는 돌담과 적군을 살피기 위한 망루가 있었다. 오랜 시간 망루와 사연을 같이해 온 보호수는 많은 시련을 겪어서인지 가지가 찢겨나가고 나무로서의 완전한 모습은 찾아볼 수 없었다. 이러한 아픔의 모습까지 렌즈에 담고, 용마루에서 평고대까지 아름다운 선을 찾아내기 시작했다. 용마루의 긴 담장에 뚫린 네모 창들은 안과 밖의 착시효과를 주었다.

눈과 손은 쉼 없이 움직이고 "찰칵찰칵" 소리를 만들어 낸다. 발걸음도 덩달아 빨라지고 셔터 소리는 사진 담는 나의 기억을 빛의 속도로 끄집어낸다. 몸과 마음이 순간 청춘의 시간 속으로 돌아온 것 같다.

두 번째 코스로 조양방직 카페에 갔다. 1933년 국내 자본으로 설립된 강화 최초의 인견 공장이었던 조양방직은 세월이 흘러 강화 직물이 쇠락하자 폐건물로 전락하였다. 그런데 그 흉물스럽던 건물이 거대한 카페로 재탄생된 것이다.

공장의 지붕과 천장 골조는 그대로 남겨두고 40~50년 전의 삶이 묻어나는 생활용품들을 곳곳에 내려놓아 오늘 이 자리가 빛이 나도록 한 것은 누구의 역발상(逆發想)인가. 어디부터 시작된 아름다움이고 어떻게 다시 찾아온 시간의 이야기일까, 의문을 던지며 이곳의 '참'을 찾아다니면서 조화의 미를 담기에 바빴다.

놀라지 않을 수 없었다. 과거와 현재 두 가지 다른 시간이 조화로울 수 있는 것이···. 벅차오르는 설렘으로 다시 태어난 청춘

같이 심장은 뛰고 눈빛은 빛나고 있었다. 찰칵찰칵 소리를 찾아 오랜 세월 뒤에 다시 카메라를 들지 않았다면 경험하지 못할 순간이었다.

시간이 많이 지났다고, 뒤늦게 무엇을 할 수 있겠느냐고 생각하지 않는 것이야말로 지난날의 기쁨과 마주하게 하며, 새로운 일에 도전하도록 부추기는 반석이 된다. 도전에서 오는 약간의 긴장은 긍정의 힘을 더 단단하게 움켜쥐게 한다.

같은 생각을 지닌 친구가 있어서 오늘 더 가슴이 벅차고 즐거웠다.

〈작가의 말〉

지난 2년간 대한웰다잉협회 자서전출판위원회 위원들이 온라인으로 모여 글을 써 왔다. 자기 책을 내고 싶은 마음을 가진 사람들이다. 경험도 없이 용감하게 시작해 좌충우돌하기도 했다. 첫해는 그야말로 단순 글 쓰는 모임으로 실험무대라 할 수 있었다.

한 달에 두 번 합평회 시간에는 자기 이야기를 글로 써서 낭독하며 마음의 위안을 얻기도 했고, 자기 글에 집중해 주는 독자와의 만남이 되기도 했다. 각자 쓴 글이 모이는 것을 '글 저축'이라 부르며 쌓아 오다 보니 책으로 엮을 수 있었다.

2024년 상반기에는 개인 교육 에세이 『왕년의 교사 아해사랑 이야기』와 김미혜·이경란·전진수 3인의 공저 『삶의 문을 열다』를 펴냈다.

올해 협회 자서전출판팀 다수가 참가하는 책을 출간할 수 있게 되어 감사하다.

책 이름 『어울림』은 공저자 공모와 투표에 의해 정해졌으며, 책 표지 그림은 우리 전문위원이며 화가인 김미혜 작가의 기부 작품이다. 모두가 한마음으로 만들어 낸 것이다.

우리는 글의 초고가 쓰인 후부터 별도의 시간을 할애해 온라인 합평을 반복했으며, 밴드를 만들어 글을 올리고 댓글로 서로의 글에 합평하는 시간을 가졌다. 그 모두를 감사하게 받아들이며 함께 해 준 12인의 공저자 전문위원님들께 축하와 감사의 마음을 전한다. 우리 모두가 서로서로 담금질하며 성장해 온 것은 이 책이 만들어지는 과정에서 가장 큰 자랑이다.

아울러 그 동안의 합평에 도움 주신 김영열 선생님께 감사한 마음이다.

이경란

평소 온라인 의사소통 수단인 줌에서 각자의 글들을 합평하며 함께 감정을 공유했던 시간이 소중한 추억의 재산이 되었다. 다른 길을 추구하며 걸어 온 삶들이지만 한 마당에 모여서 인생을 표현한 관계망 형성이 가장 큰 소득일 것이다.

물론 이 글들의 밑바닥에는 모두가 참여하고 있는 조직의 '웰다잉'이라는 키워드가 존재한다. 귀한 만남에 감사드린다. 함께 했던 시간 속에 다양한 인생의 간접경험은 외롭고 힘들 때마다 나에게 울림을 줄 것이다. 생은 살아볼 만하다고.

전진수

정년퇴임 전 회고록을 쓰려고 했지만, 업무로 인해 시간을 내지 못해 미완성으로 아쉬운 마음이 있었는데 퇴임 후 '대한웰다잉협회'와의 인연으로 자서전 반에서 활동하며 긴 세월 접어 두었던 문학소녀의 꿈을 떠올리게 되었다.

설레는 마음으로 공저에 합류하여 합평이라는 산고를 통해 용기를 낸 나의 경험과 감정을 담아 쓴 글이다. 첫 시도지만 글을 통해 일상에서의 작은 생각들을 독자와 나누고 싶은 바람을 가져본다.

류성희

죽음을 배우러 온 자리에서 삶의 가치를 발견하고 내 태도에 변화가 일어나는 놀라운 경험을 했다. 사소한 이야기에서부터 상실이라는 큰 주제에 이르기까지 글로 표현하고 낭독하며 서로의 삶을 나누었다. 진솔한 합평 속에서 피어나는 삶의 모습은 마치 진실한 무대처럼 느껴졌다.

비록 글이 세련되지 못하더라도 표현의 욕구는 충족되었고, 감정의 카타르시스를 경험했다. 노력 끝에 마무리한 글은 또 다른 '나'를 발견하는 기쁨을 선사하며 영적인 존재로서의 성장을 깊이 느끼게 했다.

기문자

직장을 은퇴한 후에, 웰다잉(well-dying)에 관심을 갖게 되면서 상담사로 활동하며 대한웰다잉협회에서 1년간 자서전출판위원회 활동을 했다. 한 달에 두 번 합평회 시간이 오면 글쓰기의 초보자로서 다른 사람에게 내 글을 보여준다는 것이 부끄럽기도 했다. 그렇지만 출판 위원들의 아낌없는 칭찬과 위로로 용기를 낼 수 있었다. 생활 속에서 글을 쓸 수 있는 주제와 소재가 떠올랐고, 모르는 사이에 글이 조금씩 써지는 것을 느끼며 '나도 글을 쓸 수 있구나' 하는 생각이 들었다.

아직은 초보인데 이번에 공저로 책을 출간할 수 있어 감사하다.

이혜숙

서툴게 만든 종이 카네이션을 받고 환하게 웃어 주셨던 어머니, 지금이라면 새 옷을 지어드리고 맛있는 보양식을 드리고 향 있는 생화를 드릴 만큼 여유가 있는데 어머니가 안 계신다. 무덤도 없다. 유언으로 화장해서 바람과 함께 보내드렸다. 무덤이라도 있으면 조화든 생화든 꽃을 드릴 수 있을 텐데 하는 마음이 간절하다.

가족과 지인들은 사진 속 내 모습에서 어머니가 보인다고 한다. 사진을 찾아보니 유전자의 힘의 위대성이 느껴진다. 세월이 지나갈수록 어머니가 보고 싶다. 그러나 깊이 생각을 이어 가지 못한다. 영정사진으로 사용했던 사진을 꺼냈다. 웃고 계신다. 분홍

색 꽃과 연두색의 꽃받침이 연속적으로 그려진 옷을 입으신 고운 모습이다. 웃는 모습과 분홍 꽃이 멋지게 어우러져 미소가 환하다. 예쁜 미소를 선물로 주고 가셨다. 돌아가신 후 꿈속에서조차 찾아오지 않으신다. 꽃분홍 티셔츠를 입으신 사진을 보며 "엄마?" 나지막이 불러보며 별이 되신 어머니에 대한 글을 쓴다. 글쓰기를 하면서 상실의 아픔을 받아들이고 충분히 애도하는 시간을 보내고 있다.

황연수

어릴 때부터 글쓰기는 나에게 행복감을 가져다준다.

언제부터인가 사람들과의 의미 없는 시간을 보내는 것보다 홀로 글을 쓰는 것이 내게 삶의 길을 비춰 준다는 것을 느꼈다. 상처 주지 않고 언제나 나의 말을 경청해 마음의 길을 열어 주며 시간과 장소에 구애받지 않는다. 게다가 경제적이기까지 하니 이 얼마나 고마운 벗인가.

에너지가 있는 한 글쓰기를 멈출 생각은 없다. 글쓰기와 그림그리기는 삶의 일부가 되어 이 순간에도 나를 온전하게 감싸 안아 준다.

바쁘다는 여건 속에서도 이번 글쓰기에 참여하게 되어 고마울 뿐이다.

김미혜

글짓기상은 한 번도 타 본 적 없고, 글솜씨도 없어 엄두가 나지 않았다. 대한웰다잉협회 자서전분과위원회 회원으로 활동하면서도 글을 올리지 못하고, 합평도 제대로 하지 못해 늘 미안한 마음이었다.

글감은 많지만 쉽게 써지지 않았다. 아니 쓰지 않았다고 하는 것이 맞겠다. '일단 써 보자.'하고 용기를 내어 펜을 들자, 삶 속에서 반짝이는 보석들이 보이기 시작했다. 어설프고 투박하지만 '첫술에 배부르랴?' 스스로 위로하며 한 걸음 내디딘다.

이경란 위원장님의 끊임없는 격려와 위원들의 아낌없는 조언에 감사한다.

이제 보석들을 하나씩 꺼내어 마음 뜨락에 조심스레 펼쳐 보련다.

권옥순

글쓰기는 과거의 자신을 돌아보며 미래를 연결해 주는 과정이다.

내가 쓴 글이 읽는 분들에게 공감을 줄지는 의문이지만, 그래도 지나간 일들을 정리하다 보면 누군가의 입가에 잔잔한 미소를 선물할 수도 있으리라.

가장 중요한 것은, 게으르지 않을 것과 책 속에서 또 다른 인생을 자주 만나 폭넓은 간접경험을 하며 내가 더욱 성숙하게 살아가는 일이다.

권선란

대학 시절부터 시작된 '나를 찾는 길'의 여정은 참으로 다양하고 색달랐다. 자기 암시법을 출발로 국선도, 초월명상, 마인드컨트롤, 생활 참선, 금강경 독송 등으로 매주 크고 작은 모임에 참여했다. 그러다 삶의 후반기에 소명처럼 웰다잉을 만났다. 이 여정에서 만난 글쓰기는 큰 선물이었다. 한 권의 책이 나오기까지 지난 1년 동안의 소중한 인연들이 불을 밝힌다. 이분들에 대한 감사의 마음을 가지며 그동안 흩어진 삶의 조각들을 하나씩 모아 자아 통합의 길을 조금씩 열어갈 수 있었다.

김희종

농촌에서 자란 어린 시절, 어머니의 사랑 속에서 자연과 가족의 소중함을 배웠다. 어린이집 교사로 일하며 네 자매를 키우는 과정에서 사람과의 관계에 깊은 관심을 가지게 되었고, 유아교육·청소년 교육·사회복지를 전공하며 배움의 가치를 실천해 왔다.

초등돌봄교실에서 아이들과 소통하는 순간에 최선을 다해야 한다는 생각으로 임하고 있다. 또한 자서전 편찬위원회 위원님들과의 소통의 시간을 소중히 여기며, 소중한 삶의 순간들을 글로 기록해 나가고 있다. 앞으로도 배움을 실천하며 어머니께 받은 사랑과 가르침을 이어 가고자 한다.

김미랑

자서전 쓰기는 세상에 다시 태어나는 듯 설렘을 안겨주었다. 어떤 과정을 거쳐서 지금에 이르게 되었는지 되돌아보는 소중한 시간도 가져다주었다. 잊고 살았던 일을 다시 기억해 보는 기회가 되었고, 자신을 깊게 이해하게 되어 진정한 삶을 추구할 힘도 얻었다.

희망을 향해 노력하는 과정이 삶을 변화시키고 성장하게 할 것을 믿는다. 글쓰기에 동행한 '자서전 쓰기' 위원들과의 시간이 너무나 소중하여 고마운 마음을 사랑하는 가족과 동무들에게 전하고, 출판의 기쁨도 같이 나누고 싶다.

유향숙

〈저자 소개〉

이경란

- 초등교장 정년퇴직
- 교육에세이 『왕년의 교사 아해사랑 이야기』
- 공저 『삶의 문을 열다』 외 2
- 아해사랑 블로그 운영
- 브런치스토리 작가
- 격월간 에세이스트 이사
- 대한웰다잉협회 자서전 전문위원회 위원장

전진수

- 대구대 대학원(행정학박사), 중부대 원격대학원(사회복지학 석사)
- 한국수력원자력(주) 정년퇴직
- 울진군평생교육지도자협의회장, 가온전기안전관리(주) 이사
- 삶의 문을 열다(전진수 외, 도서출판 디자인21)
- 대한웰다잉협회 전문강사 및 자서전 출판위원회 부위원장
- 브런치스토리 작가

류성희

- 전)초등학교 교장
- 전)김포시청소년재단 설립추진위원 및 이사
- 전)1388 김포시청소년지원단 단장
- 1388 김포시청소년지원단 고문
- 대한웰다잉협회 정책이사 및 전문강사
- 부천지청, 부천·김포범죄피해자 지원센터 상담위원장
- 브런치스토리 작가
- 대한민국새천년서예문인화대전 입선 등 2회
- 대한민국여성미술대전에서 특선 등 4회

기문자

- 서울상담심리대학원대학교 석사 졸업
- 전)경기도 노인자살예방센터*노인종합상담센터 정년퇴직
- 전)가정폭력*성폭력 전문상담사, 노인심리상담사
- 국민건강보험공단 사전연명의료의향서 전문상담사

- 사이코드라마 전문가, 역할놀이상담사
- 정신건강복지센터 그림책웰다잉교육 지도사
- 대한웰다잉협회 오산지회장
- 정신건강복지센터 수기 공모전 '구멍난 가슴, 오픈다이얼로그 치료' 상금 및 최우수상 수상(2024)
- 브런치스토리 작가

이혜숙

- 호남신학대학교 기독교상담대학원 석사졸업
- 초당대학교 사회복지대학원 석사졸업
- 전)광주광역시 청소년상담복지센터 청소년동반자 정년퇴직
- 전)국민건강보험공단 사전연명의료의향서 전문상담사
- 전)광주스마트쉼센터 인터넷중독 상담사
- 전)(주)어세스타AFF학교심리 전문강사
- 브런치스토리 작가
- 광주가정법원 협의이혼상담, 부모교육위원
- 전남재난심리회복지원센터 재난심리활동가
- 광주복지 36.5도 복지실천사례공모전 대상(2019년)
- 따뜻한 돌봄 우수복지프로그램및 수기공모전 입선(2022년)
- 빛고을 문학회 시화전 (2024)

황연수

- 성폭력피해자 전문 상담사
- 범죄피해자 심리 상담사
- 청소년노동인권 강사
- 성폭력예방교육 강사
- 북이탈주민 멘토
- 난민멘토
- 대한웰다잉협회 전문강사

김미혜

- 홍익대학교 미술치료학 석사
- 시집 나무와 사람(2000)
- 배우의 소리를 읽다(2001)
- 조소, 조각 입선(행주대전 조소 부분 2004)
- 미술 회화 개인전 2회 / 서양화 그룹전 1회

- 수필 부분 등단 및 신인상 수상(에세이스트2023)
- 수필집 공저 삶의 문을 열다 (2024)
- 아동 발달센타/복지관/보건소 정신건강센타/미술치료사, 발달재활사, 임상심리사
- Caelum Galley 관장

권옥순

- 전) 초등학교 교장 정년퇴직
- 서울교육대학교 교육대학원 석사 졸업
- 대한민국 서예 문인화 대전 입선 2회
- 칼림바 지도자
- 플루트 연주회 국내 3회, 해외 3회(오스트리아, 폴란드, 독일)
- 플루트 산짜르트 앙상블 단원
- 자서전 쓰기 지도사
- 노인통합 교육 지도사
- 디지털리터러시 지도자
- 웰다잉 전문 상담사
- 대한웰다잉협회 경기서부지부장
- 브런치스토리 작가

권선란

- 전)초등학교 교장
- 경인교육대학교 대학원 초등미술교육학 석사
- 김포서예협회 그룹전 3회
- 김포초등미술교사 그룹전 2회
- 경기서예대전 예서부문 입선1회
- 대한민국서예문인화대전 전서부문 특선1회
- 대한민국서예문인화대전 문인화부문 입선1회, 특선1회
- 대한웰다잉협회 회원
- 노인심리상담사, 사전연명의료의향서 전문상담사

김희종

- 동국대학교 철학박사, 서울대학교 이학석사, 경북대학교 이학사
- R.O.T.C. 21기 육군 중위로 전역
- 서울 성보고등학교에서 22년간 과학교사로 재직 후 명예퇴직
- 과학과 철학을 웰다잉에 접목하는 대한웰다잉협회 전문강사로 활동
- 인문공경연구소 소장

- 대한웰다잉협회 고양시 지회장
- 브런치스토리 작가

김미랑

- 전) 청강산업대학캠퍼스 『끄적이다 보니 어느새 내가 보인다』 e-book 에세이 공저
- 전) 영보자애원 10년 봉사
- 국제뇌교육대학원 대학교 석사 재학 중
- 용인상담복지 '청바지' 멘토활동 중
- 브런치스토리 작가
- 초등 돌봄전담사 재직 중

유향숙

- 인천대학교 교육대학원 교육학석사(유아교육 전공)
- 전)공립 솔마루 유치원 원장
- 오로라 모래놀이 연구소 대표
- 모래놀이 심리상담사
- 대한웰다잉협회 회원, 웰다잉 심리상담사

『우리들의 이야기 **어울림**』은

대한웰다잉협회

자서전출판위원회 전문위원들이

쓴 책이다.

지난 1년간 월 2회 온라인으로 만나

나눈 마음들이 담겨 있다.

어울려 살아가는

정겨운 사람들이 보인다.

자서전출판위원회를 위해

물심양면 지원해 주신

최영숙 협회장님께 감사드립니다.

우리들의 이야기

어울림

1판1쇄 2025년 4월 30일

저자 이경란 전진수 류성희 기문자 이혜숙 황연수
김미혜 권옥순 권선란 김희종 김미랑 유향숙
발행인 이경화
기획 대한웰다잉협회 자서전출판위원회
편집 이경란

발행처 디자인21
주소 04560 서울특별시 중구 퇴계로 293-1 3층
전화 02-2269-6561(대)
팩스 02-2269-6568
이메일 21publish@naver.com
블로그 https://blog.naver.com/publish21
인스타 https://www.instagram.com/21publish.co.kr
홈페이지 https://21publish.co.kr

등록번호 제1-1128호
등록일자 1991.2.12

ISBN 978-89-6131-178-6 03810

정가 15,000원